Sallinger

ŒUVRES DE BERNARD-MARIE KOLTÈS

LA FUITE À CHEVAL TRÈS LOIN DANS LA VILLE, *roman*, 1984.
QUAI OUEST, *théâtre*, 1985.
DANS LA SOLITUDE DES CHAMPS DE COTON, 1986.
LE CONTE D'HIVER (*traduction de la pièce de William Shakespeare*), 1988.
LA NUIT JUSTE AVANT LES FORÊTS, 1988.
LE RETOUR AU DÉSERT, *théâtre*, 1988.
COMBAT DE NÈGRE ET DE CHIENS, *théâtre*, 1983-1989.
ROBERTO ZUCCO, *suivi de* TABATABA, COCO et UN HANGAR À L'OUEST, *théâtre*, 1990.
PROLOGUE, 1991.
LES AMERTUMES, *théâtre*, 1998.
L'HÉRITAGE, *théâtre*, 1998.
UNE PART DE MA VIE. Entretiens (1983-1989), 1999.
PROCÈS IVRE, *théâtre*, 2001.
LA MARCHE, *théâtre*, 2003.

BERNARD-MARIE KOLTÈS

Sallinger

avec un avant-propos
de l'auteur

LES ÉDITIONS DE MINUIT

7, rue Bernard-Palissy, 75006 Paris
www.leseditionsdeminuit.fr

ISBN 2-7073-1919-8

AVANT-PROPOS

Quel élément spectaculaire peut produire un comédien travaillant jusqu'à l'extrême sa subjectivité à partir d'un matériau qui est l'extrême contrainte : une œuvre romanesque ?
« Impressions d'acteurs » : qu'est-ce qu'une lecture et qu'en reste-t-il lorsqu'on s'est détaché du souvenir de l'œuvre ? Quel est le souvenir final ? Est-ce un personnage, un rapport, une absence de rapports, le tableau d'un élément vital, ou même rien de tout cela, quelque chose de beaucoup plus essentiel, qui a touché au plus profond le comédien, et qu'il veut, par ce spectacle, transmettre ?
Totale liberté de l'acteur, et soumission totale à ce qui fait la force et l'existence d'une œuvre qu'on a aimée, *Lecture américaine* est une première étape à la fois dans l'approche de l'œuvre de Salinger, dans la définition de ce qu'est une impression de lecture et, enfin, comme il s'agit de comédiens, dans l'investigation du pouvoir et des limites du théâtre pour les dire.

L'œuvre de Salinger n'a rien de théâtral : c'est un objet littéraire, bien construit pour être lu, – mais il y a, en plus de cela et en faisant partie, le drôle d'air avec lequel il le montre, le ton qu'il prend pour dire tout cela – et c'est ce ton-là qui est théâtral.
Une « adaptation » de la longue histoire de famille que raconte Salinger, c'est un projet absurde. Tenter de porter sur scène ce drôle d'air qui fait de cette histoire quelque chose de profondément poétique, c'est un beau sujet de spectacle, c'est comme si, en réalité, l'œuvre de Salinger était un morceau de littérature dont parle un comédien.
Le projet central me semble être de charger le comédien d'établir entre une scène et un public, le lien que Salinger a créé entre les histoires qu'il raconte et des lecteurs ; c'est presque un langage qu'il s'agit de découvrir, et dont il faudrait investir les acteurs.
Pour cela, l'acteur doit approcher et comprendre l'œuvre de Salinger à sa manière, l'écrivain et le metteur en scène comprendre à leur tour l'acteur et ce qu'il a compris, jusqu'à ce que s'établisse une relation dialectique entre les comédiens d'une part, le metteur en scène et l'écrivain d'autre part, jusqu'à mettre au jour un spectacle où tout aura été supprimé des rapports contraignants entre un spectacle à faire

et un objet préexistant (texte théâtral, anecdote à suivre) ; où, essentiellement, il sera rendu compte par tous les moyens possibles, de ce lien particulier et poétique que Salinger invente entre un art et un public.

Pour l'écrivain, l'attitude que je conçois a priori, est la suivante :

– refuser toute interprétation directe de l'œuvre littéraire ;

– tandis que le comédien, lui, recherche une interprétation directe, tenter d'établir, puis d'approfondir une perception et une compréhension les plus parfaites possibles, de la sensibilité et des possibilités des comédiens ;

– à travers eux, retrouver l'œuvre de Salinger en écrivant, pour un acteur donné, le texte théâtral parlant le mieux possible de ce que l'acteur fait de l'œuvre et, essayant d'aller plus loin encore, perfectionner le langage commun à Salinger, aux comédiens et à l'écrivain.

B.K.

Programmes du Nova Théâtre à Lyon
(18 octobre 1977 et 21 mars 1978)

DÉCORS

Le cimetière et le mausolée
Le grand salon
Le pont sur une route
L'intérieur du mausolée
Un champ de bataille en Corée
La chambre au téléphone

PERSONNAGES.

LE ROUQUIN : *Entre le jeune homme, l'adolescent et l'enfant, selon le moment et le lieu. Grossier, très beau et très insupportable. Mort de la veille.*
AL : *Le père. Un chapeau, un sourire, et un verre de whisky à portée de main.*
MA : *La mère. Regard dramatique et grand tablier.*
CAROLE : *Veuve du Rouquin. Beaucoup de rouge à lèvres.*
LESLIE : *Frère du Rouquin, fils d'Al et de Ma. Comédien. En âge d'être appelé.*
ANNA : *Sœur du Rouquin et de Leslie. Au bord de la crise de nerfs.*
JUNE : *Confidente de Carole.*
HENRY : *Confident de Leslie.*

I

La nuit est profonde. Mais il y a de très légers reflets – très légers, et de formes étranges – blancs, sur le sol.

Sans rien voir d'autre, on entend, au loin, une conversation à voix basse.

JUNE. – Tu vois bien comme c'est fermé, et bien fermé, avec de hauts murs pour qu'on n'entre pas la nuit ; défense absolue d'entrer, impossible d'entrer ; on s'en va.

CAROLE. – J'ai vu la porte, une grille pas plus haute que moi, qu'on peut escalader.

JUNE. – Personne ne fait cela, personne n'entre là, en pleine nuit.

CAROLE. – Je ne te demande pas de me suivre. Tais-toi, maintenant, ou va-t'en.

JUNE. – Tu es pire que les paysans, les plus vieux paysans, quand ils vendent leurs troupeaux ; et puis après, quand ils l'ont vendu, qu'ils n'ont plus rien, qu'ils feraient mieux de rester chez eux tranquilles, eh bien non : au lieu de rester tranquilles, ils passent leur temps à courir les champs à la recherche de leurs bêtes, comme si elles y étaient encore ; qu'est-ce que tu cherches, vieux paysan, tes bêtes ne sont plus là.

CAROLE. – Colle-toi là, et fais-moi la courte échelle.

JUNE. – Ta robe va se déchirer ; quelle histoire.

CAROLE. – Maintenant, tu me suis, ou tu t'en vas ?

La lune se découvre d'un coup. Au milieu est le tombeau, comme une demeure de roi, immense, somptueux, laqué, avec des colonnes de chaque côté, et une profondeur noire au milieu.

Sur le sol, quelques plaques de neige à demi fondue. Et, des marches du tombeau jusque sur la neige, une multitude de petits bouquets de fleurs rouges.

JUNE. – La lumière du pavillon s'allume. Le gardien nous a vues.

CAROLE. – C'est par là.

JUNE. – C'est une folie, on va dire : elles sont folles ; je te dis que le gardien s'est réveillé.

CAROLE. – Et moi je te dis : viens ou va-t'en.

Entre Carole, tout habillée de noir, et June qu'elle tire par la main.

Elles s'arrêtent un instant, regardent. Puis Carole lâche le bras de June, monte vers le mausolée. Elle s'assied sur une marche, croise les jambes, allume une cigarette, et sourit à June.

CAROLE. – Et voilà.

JUNE. – Tu vas rester comme cela ? On va dire : elles sont folles.

CAROLE. – Et pourquoi donc ? Je suis sa femme, non ?

Carole s'installe, fume, parle d'un air détaché, en tapotant du pied sur le sol ; sort son poudrier, se met délicatement du rouge à lèvres ; tandis que June regarde de tous côtés, marche de long en large, écoute par instants, comme si elle entendait un bruit suspect.

CAROLE. – Tu sais mon rêve, maintenant, l'idée que j'aurais ? que j'aimerais être écrite – enfin, tu vois : qu'un écrivain s'occupe de moi, un écrivain que j'aurais rencontré et qui s'intéresse à mon cas, qu'il écrive un roman, ou peut-être pas tant : un genre de nouvelle, ou de feuilleton pour les journaux ; que je sois publiée, tu vois. Maintenant, c'est la chose qui me plairait tout à fait.

JUNE. – Cette fichue neige, ici, alors qu'en ville il n'y a déjà plus rien.

CAROLE. – En attendant, on a beau s'habiller, se maquiller, s'arranger comme on veut, il y a toujours une putain de grille à escalader pour tout ficher en l'air.

JUNE. – Et maintenant, peut-être que tu crois qu'il va arriver quelque chose. Qu'est-ce que tu attends là ? Qu'il ne serait pas mort, ou toutes ces histoires ; et moi, ces choses-là, je sais ce que j'en pense ; et même s'il venait à discuter le coup avec toi sur les marches, tranquillement et pas mort du tout, je me demande ce que tu lui dirais ; et d'ailleurs, que penserait sa famille de ces choses, qui croirait à ces histoires ? Je me demande ce que tu cherches. Maintenant on a vu, et on s'en va avant d'être repérées.

CAROLE. – Quand je pense surtout que les Etats-Unis fourmillent d'écrivains, d'écrivaillons, de scribouillards – que d'ailleurs sa famille à lui doit en connaître des quantités, c'est proprement leur rayon –, eh bien, dans tout cela, il ne s'en trouvera pas un pour s'occuper de moi. J'ai pourtant mon petit air à moi que je lui chanterais bien, et on verrait alors. Mais voilà, c'est une question de genre, je ne risque pas d'en rencontrer jamais, et il me reste à m'occuper moi-même de moi.

JUNE. – Eh bien, moi, maintenant, je te le dis : je voudrais boire une tasse de thé bien chaud, être dans une maison, et on pourrait parler de tout ce que tu veux, de ce que tu veux être écrite, du genre qu'a sa famille, et du reste. Tu pourrais te maquiller comme tu veux, être impeccable, et je me demande vraiment pourquoi je t'ai suivie : uniquement parce que tu avais l'air d'avoir dans la tête une bêtise, la tête où on se demande qu'est-ce qui lui arrive, qu'est-ce qu'elle va faire, quel drôle d'air elle a, on ferait mieux de la suivre pour qu'il n'arrive pas de malheur, elle a une allure de malheur qu'on ne doit pas laisser seule.

CAROLE. – Il n'y a rien de ce que tu dis dans ma tête.

JUNE. – Et tout ce qu'on va gagner, c'est que le gardien nous a vues, j'ai vu la lumière du pavillon qui s'allume, on le voit d'ici éclairé, qu'il a pensé Dieu sait quoi, qu'est-ce qui me réveille à cette heure, mais ce sont deux folles qui escaladent le mur de mon cimetière, qu'il a téléphoné à Dieu sait qui : deux folles escaladent sans pudeur la grille de mon cimetière, par un froid pareil, ce n'est pas normal, il y a de quoi mettre un gardien en colère, venez, venez, elles se promènent tranquillement dans mon cimetière comme dans leur salon, en pleine nuit, qu'est-ce qu'elles peuvent bien vouloir ? Et Dieu sait qui va venir, et ce qu'on va penser de nous.

CAROLE. – Comme elle s'énerve, maintenant.

JUNE. – Je ne m'énerve pas ; je dis qu'on va penser qu'on est folles, que d'ailleurs il va pleuvoir ; et toi qui parles toujours de ton maquillage, et de tes habits, et des grilles à escalader qui déchirent tout – mais qui t'a demandé d'escalader la grille ? –, ton maquillage, la pluie va l'arranger une fois pour toutes, et moi je rigolerai : il va couler partout, du noir plein la bouche et du rouge plein le menton, ce n'est pas la peine de te fatiguer, crois-moi : mets-en n'importe où et n'importe comment, parce qu'il va pleuvoir, et on rigolera. Je déteste être ici.

CAROLE. – June, ma petite June...

JUNE. – Je ne suis pas ta petite June, et surtout, je ne comprends rien. Pourquoi tu cours derrière lui. C'est bien fini, non ? Alors de quoi ça a l'air ? Il est fini, ton bonhomme, passe à autre chose, c'est fini : mon Rouquin, mon amour adoré, ces affaires de bonnes femmes qui traînent toujours derrière. On nous trouvera là, qu'est-ce que tu auras eu de plus ? Le gardien en colère, tu crois qu'il s'est rendormi ? Deux folles se trimbalent tranquillement dans mon cimetière, je me recouche et je m'endors ? Et puis il va pleuvoir, bonne raison pour rentrer.

CAROLE. – Laisse-moi parler un peu, t'expliquer ce que j'ai dans la tête.

JUNE. – Mais je ne veux rien que tu m'expliques. Il n'y a rien à expliquer, ici, rien du tout. Il va pleuvoir, c'est tout ce qu'il y a à dire. Et veux-tu que je te dise ? Il va pleuvoir partout, et pas seulement sur nous : ça coule entre les pierres, ça traverse la terre, ça pleut sur les cercueils tout autant que sur nous, et je ne voudrais pas voir ça, comment ça pleut en dessous. Carole, maintenant, je te le demande : tu ne veux pas te remaquiller, bien au chaud et à l'abri ?

CAROLE. – Rien du tout ; je ne veux rien. Tant pis. Si tu dois m'embêter aussi, tant pis. Je ne t'explique rien, d'accord.

JUNE. – La voilà qui refait sa tête : suivez-moi, je vais faire une bêtise.

CAROLE (*elle se lève, pousse les bouquets du pied, les enfonce dans la neige*). – C'est qu'on entendra parler de moi, je te le jure.

JUNE. – Qu'est-ce que tu as dans la tête ?

CAROLE. – Je ne sais pas. (*Elle fait disparaître tous les bouquets*) Si, je sais : quelque chose qu'on ne me fera pas sortir de si tôt, et ce quelque chose-là n'a pas fini de les embêter, cela ne fait que commencer.

JUNE. – Les quoi ? Embêter qui ?

CAROLE. – La famille du Rouquin. Je fais le serment qu'ils entendront parler de moi, que je les embêterai comme ce n'est pas possible, jusqu'à ce qu'ils crient pitié, jusqu'à ce qu'ils en crèvent. Je m'organiserai pour les embêter comme on ne s'est jamais organisé pour embêter quelqu'un ; j'en ferai une société, rien que pour cela, que je déclare fondée, ici, maintenant, à moi toute seule : société pour embêter le monde – cette bande de couillons intellectuels, ces gens pas comme les autres, cette famille de tordus qui se croit si futée, qui se croit pas comme les autres, qui se croit tous les droits –, société pour leur faire baisser la tête, leur faire fermer leur bouche, les forcer à m'entendre, cette fois, et tout ce que je pense d'eux ; société anti-famille pour défendre le Rouquin et les exterminer ; société intitulée : vous allez entendre parler de Carole, bon dieu, cela ne fait que commencer.

Silence.

JUNE. – Mais Carole...
CAROLE. – Quoi, Carole ?
JUNE. – Il est mort, non ?
CAROLE. – Et je peux le défendre quand même, non ? (*Temps*) Maintenant, ils se gardent les restes, ils examinent ses mots et le moindre de ses gestes, à l'abri des rideaux, dans les salons, là-bas ; et ils disent entre eux : comme il était à part, et précieux, et génial, notre Rouquin à nous. (*Temps*) Mais que je ferme seulement les yeux, June : je sens le poids de sa jambe sur moi, et sa main endormie, dans le lit, la nuit. (*Temps*) Moi, c'est à tous que je parle, que je veux parler, que je veux raconter. Demandez-moi qui il était, pourquoi il s'est tué. Je meurs d'envie de vous le dire, je meurs d'envie que vous me posiez toutes les questions possibles ; que je ferme seulement les yeux, June : j'entends, à travers la pierre, le drôle de cri par lequel il m'appelait brusquement, en plein milieu de l'après-midi ; et quand j'accours, que je lui relève la tête, que je lui demande : pourquoi tu m'appelles, que je lui embrasse sa bouche pour qu'il arrête de crier, après, quand il respire à nouveau doucement, et qu'il me tient la main, je ne comprends rien de tout ce qu'il me dit. (*Temps*) Pourtant, je meurs d'envie de tout raconter avant que les autres

n'aient brouillé chaque piste. Car c'est moi qui en sais davantage ; et, s'ils tirent les rideaux, aujourd'hui, s'ils s'enferment entre eux, s'ils verrouillent devant moi la porte de leurs salons, là-bas, pourtant, c'est moi qui étais à côté de lui, et qui le suis encore, et qui le resterai.

JUNE (*se levant brusquement*). – Il pleut, Carole.

CAROLE. – Je te parle. Tu ne m'écoutes pas ?

JUNE. – Si, mais il pleut quand même, Carole.

Carole écrase brusquement sa cigarette.

CAROLE. – Je sais bien, moi, qu'on ne meurt pas si facilement. (*Elle monte à nouveau vers le mausolée, s'arrête devant, tandis que June regarde à nouveau de tous les côtés, inquiète.*) Et maintenant, toi qui sais tout, dis-moi où et quand on se retrouve.

JUNE. – Carole, viens.

CAROLE. – Montre-toi, et dis-moi où on se retrouve.

JUNE. – Viens.

CAROLE (*à June*). – Tu peux partir, toi.

JUNE. – Carole.

CAROLE. – Va-t'en.

Tout à coup, June se retourne, regarde fixement vers la salle, pousse un cri ; court vers Carole, lui prend le bras.

Tandis qu'une lumière bleutée, intermittente comme celle des ambulances, silencieusement gagne le sol, rejaillit sur la neige, illumine les recoins jusqu'au mausolée. Et, dans une suite régulière d'éclairs bleus et de ténèbres, dans l'encadrement du portique, appuyé sur une colonne, face à Carole – alors que June ne peut pas arracher son regard de la salle d'où vient la lumière –, se tâtant doucement le crâne, et profondément absorbé – ténèbres blancs de neige, éclairs silencieux, lune à nouveau cachée –, apparaît et disparaît le Rouquin.

II

Le grand salon, aux rideaux tirés, est éclairé par petites zones bien délimitées – un fauteuil de cuir avec un lampadaire, une commode avec une lampe colorée, la fenêtre avec une applique –, tout le reste étant dans la pénombre.

Assise sur le rebord de la commode, Ma fume, fume, jette sa cigarette dans le panier et en rallume une autre.

Elle a les yeux ouverts tout ronds, et regarde fixement devant elle.

A la surface de l'immense fauteuil de cuir flottent un chapeau, une bouteille, et le dessus d'un verre. Perdu au milieu, Al hoche la tête, regarde à droite et à gauche, pousse un profond soupir, et se sert un nouveau verre qu'il boit très vite. Puis, il tente de se redresser, adresse un immense sourire alentour, et se laisse à nouveau absorber dans les profondeurs. Debout, près de la fenêtre, Anna se tient immobile. Parfois, pourtant, elle soulève légèrement le rideau, regarde un temps dehors, perplexe ; puis hausse les épaules et laisse retomber le rideau.

Leslie, au premier plan, marche de long en large.

ANNA (*à part*). – D'habitude – autrefois, du moins –, le soir, Ma nous appelait autour d'elle ; elle nous caressait la tête, et nous racontait une petite histoire, avec moralité. (*A Ma* :) Tu n'as pas une histoire, Ma, à nous raconter ?

MA (*songeuse*). – Un soir, j'envoyai le Rouquin porter les poubelles au fond de la cour. J'ai attendu, attendu ; il ne revenait pas. Alors, j'ai ouvert la fenêtre, et l'ai vu, tout en bas. (*Elle jette sa cigarette.*) Il avait la tête en l'air, la poubelle à la main, et il regardait les étoiles. (*Elle rallume une cigarette.*)

ANNA. – Ce n'est pas une histoire, ça. Je parlais d'une histoire, avec moralité, comme quand on était petits. (*Elle se détourne vers la fenêtre.*)

MA. – Je ne connais plus d'histoire ; et qu'avez-vous à faire de mes moralités ? (*A part* :) Ils bougent, ils bougent, ils n'arrêtent pas de s'agiter ; ils ne savent pas s'asseoir, fumer une cigarette tranquillement ; trouver un moment le monde normal, et se trouver dedans normalement. (*A Leslie et Anna* :) On dirait que quelqu'un vous suit, vous secoue, vous marche sur les pieds ; on dirait que quelqu'un, à côté de vous, vous empêche de dormir.

Ayant pris pied – assis, bien droit au bord du fauteuil –, Al cherche de tous côtés, avec un sourire disponible, à capter un regard. Il salue un lampadaire, tend son verre à la commode, marmonne un vœu, cligne de l'œil dans le vague, et sirote, sans cesser de sourire et sans quitter son chapeau.

MA (*à part*). – Qu'est-ce qu'ils vont devenir, avec leurs têtes là-haut, si haut au-dessus des nuages ? (*Elle jette sa cigarette.*)

ANNA (*à la fenêtre, soulevant le rideau*). – Une voiture éteint ses phares. Il pleut, dirait-on. Cela dort dans les maisons. (*Temps*) Tous ces ronflements, dans les chambres, autour de nous, me font pitié. (*Elle laisse retomber le rideau.*)

LESLIE (*s'arrêtant brusquement de marcher*). – Parfois, il me vient l'envie d'aboyer, de sortir mon flingue et de tirer là-dedans, il me vient l'envie bizarre de casser les vitres, de sauter par la fenêtre, et de courir dehors jusqu'à ce qu'il se trouve quelqu'un sur mon chemin, quelqu'un que je prendrais par le bras, que je secouerais un peu pour lui faire perdre son air ahuri ; quelqu'un que je m'approprierais pour toute la soirée ; quelqu'un à toucher (*il palpe*), à sentir (*il renifle*) ; quelqu'un à qui dire : « Ne craignez rien, laissez-vous faire ; vous avez en face de vous un être qui veut seulement entendre une autre respiration, écouter un autre cœur qui bat ; j'ai cassé toutes les vitres et sauté par la fenêtre pour pouvoir toucher un autre être ; c'est un désir qui me prend certains soirs comme ce soir. Vous n'avez en face de vous qu'un esprit trop profond pour rester seul et enfermé. » (*Temps*) Ainsi, quand le Rouquin est mort. Prenez votre frère préféré, enfin, le préféré de tous parce qu'il est supérieur à tous ; pas supérieur parce qu'il est mort – ne nous croyez pas si naïfs –, supérieur dès son vivant, le Rouquin ; supérieur comme il sera difficile de vous le faire comprendre. En un mot – comprenez si vous le pouvez, comprenez si vous le voulez –, le Rouquin, c'était la tête la plus étrangement faite, la plus particulière que l'on a jamais connue. (*Temps*) Voici pour commencer : vous l'emmenez voir un spectacle, un ballet par exemple ; et, en sortant, vous lui demandez comment il a trouvé ; tout le monde lui demandait comment il avait trouvé, et arrêtait de respirer jusqu'à ce qu'il réponde, à cause de cette tête si étrangement faite. Eh bien, il ne vous dira ni ceci ni cela, jamais ce que vous attendez. Il vous dit sans hésiter combien de fois le danseur étoile a posé le pied sur le sol, et le nombre total de pas de chacun des danseurs. C'est tout ce que vous en tirerez. Mais il y a mieux que cela : si vous voulez le mettre à l'épreuve, vraiment, vous lui demandez à bout portant le carré d'un nombre de vingt-cinq chiffres ; on l'a fait, des gens l'ont fait, les gens adorent mettre les gens à l'épreuve ; eh bien, lui, il ferme les yeux vingt-cinq secondes, et vous demande ensuite : « Tu veux que je t'énonce le résultat en commençant par la droite ou par la gauche ? » Voilà quel frère particulier je veux vous faire comprendre, quel frère particulier on peut perdre du jour au lendemain, ce qui plonge tout le monde dans ce drôle d'état où chacun s'enferme dans une pièce en tirant les rideaux, et reste toute la nuit dans le vague ; sauf moi. Moi, je ne suis pas celui qui reste dans le vague – enfin, je ne suis pas le type à rester longtemps dans une pièce, seul. Ou alors, si vous voulez, je me mets à enfiler mes gants en calculant mes gestes, je déplace un meuble, j'appelle un copain au téléphone – mais alors, le plus insignifiant copain de tout mon répertoire téléphonique, le dernier copain à appeler ; je lui donne rendez-vous dans un café, et je lui joue la scène : « Henry, cela me touche que tu aies répondu à mon appel, il faut que je t'avoue, Henry... » – enfin, je ne vous raconte pas tout d'avance, mais, en bref, je l'étoufferais dans un ouragan d'émotions, dont l'être le plus froid ne pourrait pas se relever. Les copains insignifiants adorent tous ça, et moi, je sais toucher les gens – enfin, c'est le travail de n'importe quel comédien, même américain : toucher, être touché ; toutes ces toucheries vulgaires nous encombrent la tête ; et voilà bien ce qui faisait du Rouquin l'être pas vulgaire du tout. Mais nous, gens ordinaires, vous et moi, nos têtes se ressemblent, cela ne fait pas de doute : il y traîne, tout au fond, des souvenirs de collège, un terrain de football, un verre de jus d'orange, un poste de radio, et des histoires morales qu'une mère adorée raconte doucement. (*Temps*) Quant à moi, plus précisément, je vais vous dire qui je suis : quand le Rouquin est mort, j'ai marché dans la rue, longtemps, la nuit entière ; et de cette nuit de marche j'ai gardé les marques d'une étrange expérience, cruelle et définitive. Un homme marchait devant moi, d'un pas sûr, calme, tranquille. Lorsqu'il a entendu mes pas – la rue était déserte –, il s'est retourné, sans s'arrêter de marcher, cherchant à voir qui le suit dans cette nuit noire, – quelques rues de New York sont si peu éclairées. Il s'est cogné alors contre un panneau de stationnement, et il s'est étalé de tout son long. Moi, je l'ai dépassé et, quelques mètres plus loin, je me suis mis à rire, très fort. Je détestais les hommes. La femme, elle, trébucha au petit matin, en tirant son vélo d'une main, son autre main portait un sac très lourd ; et elle m'a regardé avec un petit sourire comme pour demander pardon. Alors, brusquement, j'ai senti que l'aube apparaissait au-dessus de New York. Je l'ai suivie du regard longtemps, longtemps, elle semblait ne pas vouloir disparaître de mon regard ; et, jusqu'à ce qu'elle ait disparu, je me retenais de courir derrière elle. J'aurais tant voulu, à ce moment-là, être une amie à elle, une sœur, une compagne de bureau, et lui mettre la main dans les cheveux, sans que personne y trouve rien à redire, passer ma main dans ses cheveux et les retenir longtemps entre mes doigts, en tirant un peu, juste assez pour paraître jouer et qu'elle ne soit pas gênée par mon visage tout près du sien, ni par la manière dont je la regarde, pour qu'elle ne trouve rien à redire, sauf rire en disant : « Ne me tire pas les cheveux. » (*Temps*) Voilà quelle révélation m'attendait, cette nuit-là ; et tout ce qu'il me reste, maintenant que le Rouquin est mort.

MA (*toujours songeuse*). – Une nuit, au tout début que nous logions dans un petit hôtel là-bas, à Broadway, il n'y avait, je m'en souviens, qu'un seul lit pour vous trois. Une nuit, je vous ai regardés dormir. Le Rouquin dormait sur le ventre, la tête dans l'oreiller, et il avait les fesses en l'air. Et Anna d'un côté, et Leslie de l'autre, vos jambes et vos bras se glissaient entre les siens, vous étiez emboîtés, enroulés, tous trois recroquevillés. Et moi, je me suis assise à côté du lit, je vous ai regardés longtemps, je voulais voir, au matin, comment vous vous déferiez l'un de l'autre en vous réveillant. Mais je me suis endormie avant le jour, sur la chaise, et, en ouvrant les yeux, il était trop tard, déjà.

Al, tout à fait ivre cette fois, disparaît complètement dans le fauteuil de cuir.

ANNA (*à la fenêtre, soulevant le rideau*). – Je vois un petit garçon, sur le rebord du trottoir, les cheveux tout bouclés. Il marche en équilibre, tout à fait à l'extrême bord. Ses lèvres bougent. Il chante. Je peux lire ce qu'il chante, sur ses lèvres (*déchiffrant* :) « If a body catch a body coming through the rye ».

Al réapparaît, souriant, et se sert un autre verre.

Ma jette sa cigarette, se cache le visage dans les mains, sauf les yeux qu'on aperçoit entre les doigts, toujours fixés droit devant elle.

Anna regarde sa mère, hausse les épaules, se tourne à nouveau vers la fenêtre.

Leslie traverse le salon, lentement, enfile un pardessus et des gants en contrôlant ses gestes, et sort par la porte du fond.

III

Dehors, un grand pont barre l'horizon.

Des deux côtés de la rue, où passent les voitures,

Leslie à gauche, Henry à droite, sont appuyés contre le mur, se regardant de temps en temps. Leslie se caresse les doigts en souriant.

HENRY. – C'est de la peau, de la vraie ? (*Leslie cache ses mains dans son dos.*) Et qu'est-ce que c'est qui te fait rire ?

LESLIE. – Mais rien, rien.

HENRY. – Alors, qu'est-ce qu'on fait, maintenant ?

LESLIE. – Rien, je ne sais pas. Henry...

HENRY. – Vous autres, vous croyez que tout le monde est à votre disposition, qu'on n'a rien d'autre à faire. Eh bien, je m'en vais.

LESLIE. – Tu avais quelque chose d'autre à faire ? Pardon pour cette autre chose que tu as abandonnée.

HENRY. – Je vais rentrer.

LESLIE. – Attends, Henry. Serre-moi la main, d'abord.

HENRY. – Non, je rentre.

LESLIE. – Serre-moi la main, Henry.

HENRY. – Je ne serre jamais la main des gens.

LESLIE. – Tu ne serres pas la main des gens, hein ?

HENRY. – Non, jamais ; je ne serre jamais la main.

LESLIE. – Et pourquoi tu ne serres jamais la main ?

HENRY. – Je trouve cela répugnant.

LESLIE. – Tu trouves cela répugnant, hein ? (*Il traverse la rue, s'approche d'Henry.*)

HENRY. – Oui ; et qu'est-ce qui te fait rire, maintenant ?

LESLIE. – Pourquoi je ris, hein ? Et toi, pourquoi tu ne ris pas ? Qu'est-ce qui t'en empêche ? (*Il lui donne deux claques sur les joues.*) Tu ne ris jamais, non plus, hein ? Pourquoi tu fais cette gueule ? (*Bourrades enjouées*) Tu fais toujours cette gueule, hein ? (*Petites claques, gaies.*)

HENRY. – Leslie, je n'ai aucune envie de...

LESLIE. – Ni rire, ni serrer la main, ni rien, hein ? Henry, tu sais comment on serre la main, chez les Américains du Sud ? Je vais t'apprendre ; attends, je veux seulement te montrer : serrement de main à la latino-américaine. (*Il lui montre.*) Mais ça non plus, tu ne fais jamais ; c'est répugnant, peut-être. Jamais tu n'aimes quelque chose, jamais quelque chose empêche que tu ne fasses cette gueule ? Tu sais ce que je trouve répugnant, moi, la seule chose que je trouve répugnante : je trouve répugnant qu'on trouve tout répugnant. En dehors de cela, rien, j'aime tout, cherche quelque chose que je n'aimerais pas ; imagine. Cherche dans ton crâne la chose détestable que je n'aime pas : tu ne trouveras rien. Les pires, tu veux le savoir, les pires, je leur serrerais la main. Donne-moi un exemple de quelqu'un à qui je ne serrerais pas la main. Eh bien, je les aimerais encore, les pires que tu pourras trouver. Tu ne trouves pas d'exemple dans ta tête, hein ? (*Il retourne de l'autre côté de la rue, se caresse les doigts avec un sourire entendu, tandis qu'Henry, balançant d'une jambe sur l'autre, le regarde par en dessous.*) Ecoute : tu cherches une rue à peu près déserte, la nuit. Tu démarres à un coin ; tu regardes à droite, à gauche, derrière, si vraiment aucune personne n'est en vue. Tu t'assures, en ouvrant grand tes grandes oreilles, qu'aucun bruit de pas ne résonne quelque part. Alors tu prends ton souffle, et tu te mets à courir – mais écoute-moi bien, courir vraiment ; et encore, si je dis : vite, je ne t'aurai pas dit l'essentiel ; il faut courir à perdre haleine, courir d'une course déchaînée, fuir, voilà le mot. Si tu cours d'une course de fuite dans une rue déserte, sans aucun risque d'échec, ouvre bien grand tous tes sens à la fois : et cela y est, tu sens les flics dans ton dos ; le bruit de leurs pas apparaître, par magie. Bien sûr, si tu t'arrêtes alors, et que tu te retournes avec un regard précis du genre : voyons si ce Leslie ne m'a pas raconté de blagues, c'est que tu es un pauvre type, et qu'il n'y aura pas l'ombre d'un flic derrière toi. Mais par contre, si tu écoutes bien ce que je dis, si tu cours, cours, cours, à en avoir les larmes dans tes petits yeux, que tu fuis comme un fou dans la rue déserte jusqu'à ce que les jambes te manquent, tu sentiras bientôt leur souffle dans ton cou, et puis que l'on te prend par l'épaule, qu'on te happe, qu'on te décolle du sol, qu'on tient Henry à bout de bras. Ferme les yeux, attends qu'on t'ait pris nettement un bras, que l'on te l'ait tordu dans le dos jusqu'à ce que cela fasse mal, jusqu'à ce qu'il n'y ait plus de doute possible. Alors seulement tu ouvres les yeux, et je m'en porte garant, Henry : tu verras la gueule d'un flic tout près de toi, et voilà : je te fais apparaître, à volonté, dans ton petit crâne, la pire des personnes devant laquelle tu peux te trouver. Qu'est-ce que tu ferais alors, toi ? Facile à deviner, toi qui ne serres même pas la main au copain. Mais moi, seras-tu seulement capable d'imaginer, Henry ? Poussons les choses au-delà : il me colle au fond, sur le plancher, il me refile au passage quelques coups de genou, de matraque ou de poing, il me met le pied sur le ventre, et il continue de cogner. Là, qu'est-ce que je fais, Henry, dis-moi vite, sans réfléchir : à quoi je pense, là, tout de suite, et qu'est-ce que je fais ?

HENRY. – Vous croyez, vous autres, que parce que vous parlez beaucoup on n'attend qu'une chose, on ne vit que pour ça, on n'a qu'un seul désir : c'est que vous en disiez encore davantage.

LESLIE (*traversant la rue*). – Henry, ne fais plus cette gueule, pas une seconde de plus. Je suis un copain, non ? (*Il lui prend la main.*) A la sud-américaine, Henry, como esta, OK ? Alors, je peux te dire quelque chose, à toi seulement, dans le creux de l'oreille ? Je peux te le dire ? (*Il se penche vers Henry, sans lui lâcher la main.*) Tu as le creux de l'oreille dégueulasse, l'oreille la plus parfaitement sale que j'ai jamais vue, l'oreille la plus dégueulasse des Etats-Unis.

HENRY. – Lâche-moi la main. (*Temps*) Et qu'est-ce qui te fait rire, maintenant ?

LESLIE. – Rien, rien.

HENRY. – En quoi ils sont, tes gants ?

LESLIE. – Jamais tu ne t'es lavé, hein ? Tu peux me le dire, à moi, pas de problème ; je ne te trahirai pas. Mais tu as aussi les ongles les plus noirs que j'ai jamais vus, et le plus grand nombre de boutons réunis sur une gueule ; tu as plus de boutons sur ta gueule que tous les boutons de toutes les gueules de tous les Etats-Unis réunis. Je suis sûr, Henry – tu peux me le dire, je ne trahis pas, moi –, sûr que, quand tu entres dans une pièce, les meubles se couvrent de poussière, les tapis de taches de graisse, et que les vitres deviennent sales au point de ne plus laisser passer la lumière. (*Après un temps, se caressant les doigts* :) En peau, naturellement.

HENRY. – Montre-les-moi.

LESLIE (*en retournant brusquement de l'autre côté de la rue*). – Mais tu ne t'inquiètes pas de moi, pendant tout ce temps, hein ? Henry. Pendant tout ce temps, moi, où je suis ? Au fond du panier à salade, tu l'avais oublié, vieux copain. Et que m'arrive-t-il, Henry, qu'est-ce qui m'est arrivé, cherche dans ta tête ? Tout ce temps-là, le flic a cogné. Alors, qu'est-ce que je fais, moi ? Ecoute-bien : je regarde le flic, et tout de suite je vois les gouttes au-dessus des lèvres, ces foutues gouttes de transpiration qui vous viennent à certains coups, enfin, cette foutue transpiration qui me ressemble. Alors, tout est joué : quand j'ai reconnu le dessus des lèvres qu'on a à certains coups, je ne peux plus m'empêcher de regarder au-delà, plus profondément, je ne peux plus m'empêcher de me fixer sur ce dessus des lèvres, que je me mets à aimer comme un fou. Et puis, à regarder longtemps le flic, je me mets à aimer, à travers toutes les gouttes de transpiration possibles, les joues, le nez, le front, la main sur la matraque. Et, couché là, je meurs d'amour pour l'être le plus répugnant que l'on puisse imaginer, et je meurs du désir de le lui révéler.

HENRY. – Et tu me les prêterais ?

LESLIE (*Enlève ses gants ; il les lui tend*). – De toute façon, si je te perds, je suis sûr de te retrouver. (*Il se met à flairer comme un chien.*) Henry est tout près, pas d'erreur possible.

Au premier plan, Henry s'assied sur le rebord du trottoir. Il regarde ses mains, met le doigt dans l'oreille, renifle un bon coup, puis, tranquillement, il commence à se triturer les boutons du visage. Plus loin, Leslie s'est assis à son tour, le dos tourné ; il regarde le pont.

La lumière a baissé. C'est le soir. La pénombre envahit la rue ; le pont est éclairé, par instants, par les phares des voitures qui tournent.

HENRY. – Les Américains me dégoûtent. Toujours à vous toucher, à vous filer de grandes tapes dans le dos, à éclater d'un gros rire américain et sympathique, sans raison. Ils vous embêtent toute une soirée, veulent vous serrer la main, ou n'importe quoi comme cela, et après éclatent de rire, sans raison : parce qu'ils sont Américains. Les gens qui éclatent de rire me dégoûtent. Même les gens qui rient sans éclater, tout bas ; même les gens qui disent : ce jour-là, à ce spectacle, ou en lisant cela, ou avec un tel, j'ai rigolé. On est entouré de gens qui veulent rigoler au mauvais moment. D'abord, ils commencent toujours par rigoler, pour montrer qu'ils sont ouverts et pleins de richesse intérieure. Le plus salaud des Américains rigole d'abord vingt fois avant de vous parler, pour montrer qu'il est ouvert. Les gens sympathiques et pleins de richesse intérieure me dégoûtent.

Silence, puis on entend au loin les premiers cris d'oiseaux, légers d'abord, comme quelques mouettes égarées.

LESLIE (*sans se retourner*). – Henry ? (*Temps*) Dis-moi... (*Silence*) Qui t'a rasé la tête ?

HENRY. – Qu'est-ce que cela peut te faire ? (*Leslie a un petit rire.*) Méfiez-vous des gens qui font semblant de s'intéresser à vous ; méfiez-vous des gens qui vous appellent au téléphone quand ils ont le spleen ; méfiez-vous des regards émus et souriants ;

méfiez-vous du copain qui vous prête ses gants. Ces types-là vous collent l'emploi de personnage secondaire, pour mieux se voir et se faire voir, et après qu'ils vous l'ont collé, essayez toujours de vous en défaire. Ces types-là courent derrière qui est un peu moins beau qu'eux, qui est un peu moins riche qu'eux, qui a plus de boutons qu'eux sur la gueule. Ils vous regardent, vous déclarent leur copain, et, en gardant leurs gants, ils vous serrent la main avec un regard qui dit : comme il est touchant. (*Temps*) Méfiez-vous qu'on vous colle l'emploi secondaire et touchant. Avant qu'il soit trop tard, barrez-vous, ne répondez plus aux questions, n'écoutez plus, n'ouvrez plus jamais la bouche, que pour dire une chose irrécupérable. (*Temps*) Je n'ouvrirai plus la bouche, devant eux autres, que pour dire une chose irrécupérable, et on verra bien, alors, ce qui se passera.

LESLIE. – Henry ? (*Silence*) Tu es parti ?

Les cris d'oiseaux ont augmenté, se mêlant au bruit des voitures. Ils sont proches, survolent le pont. On entend jusqu'aux claquements de leurs milliers d'ailes.

Leslie se lève, s'approche lentement du pont. Il fait de plus en plus sombre.

LESLIE (*de dos*). – Salut. Tu viens t'asseoir et me parler ? Tu viens t'asseoir ? Il n'y a plus grand monde dans la rue. C'est une bonne heure pour être dehors. Tu viens me parler, le Rouquin ?

Henry est à peine visible, dans le noir. Il regarde ailleurs. Le point, seul, est très lumineux, et le vol des oiseaux, au-dessus.

Leslie tend le bras.

LESLIE. – Je pourrais toucher ta tignasse ? Tu ne me la laissais jamais toucher, hein ? Juste l'effleurer, de la paume de la main ; je te promets de ne pas tirer, ni appuyer ; ce n'est pas pour te faire un sale coup. C'est que j'aimerais sentir ta tignasse dans ma main, seulement la sentir, et t'entendre parler.

A ce moment-là, la tête complètement rentrée dans les épaules, les mains posées sur le dessus de son crâne, le Rouquin apparaît, en haut des marches du pont.

Lentement, maladroitement, le Rouquin descend une à une les marches. Parfois, il s'arrête, monologue longuement à voix basse, et reprend sa descente. Arrivé en bas, sans ôter ses mains de dessus sa tête, il regarde en l'air, puis devant lui, d'un regard de myope. Il lâche alors son immense chevelure rousse, qui entoure d'un coup son visage d'une grande sphère de boucles ; et il avance vers Leslie.

Le Rouquin – légèrement, mais sans doute possible – boite. Il s'arrête à une certaine distance de Leslie, sans le regarder vraiment.

Lorsque Leslie fait mine de s'approcher de lui, le Rouquin recule, et ainsi tout le temps qu'ils parlent, laissant toujours entre eux une certaine distance, le regard du Rouquin fixé sur un point précis dans l'ombre.

ROUQUIN (*gémissant*). – Ils me suivent, ils m'emmerdent, qu'ils se barrent ; où que je sois, ils sont. Empêche-les d'être là, et de me suivre partout ; après, ils se poseront sur ma tête. Qu'ils s'en aillent ; et toi, dis-leur, bon dieu, qu'est-ce que tu attends ? (*Il regarde vers le ciel, gémit à nouveau, tourne en boitillant autour de Leslie, à bonne distance.*)

LESLIE. – Tu ne veux pas te réchauffer ? Depuis le temps que tu veilles, tu dois avoir froid. (*Il s'assied, ôte ses chaussures, ses chaussettes, lui lance les chaussettes.*) Enfile ça. Si on a chaud aux pieds, on a chaud partout.

ROUQUIN. – S'ils se posent sur ma tête, leurs pattes s'enfonceront. Rien ne la protège, bon dieu, tu le sais bien. Entre la cervelle et les cheveux, je n'ai rien d'autre que la peau. Il n'y a chez moi que cette petite peau qui protège la tête. Tu ne le diras à personne, t'as compris. Tout le monde voudrait mettre sa main sur ma tête ; et leur saloperie de main s'enfoncerait dans la cervelle. (*Il gémit, se protège à nouveau la tête de ses deux mains, délicatement posées.*)

LESLIE. – Personne ne ferait cela, le Rouquin.

ROUQUIN (*hochant la tête*). – Bon dieu, le con.

LESLIE (*tendant ses bras*). – Je ne connais pas, dans le monde, quelqu'un qui a été plus aimé que toi.

ROUQUIN (*hochant la tête*). – Bon dieu, le con.

LESLIE. – Tu ne veux pas jouer, le Rouquin ? C'est une bonne heure, pour jouer.

Le Rouquin s'assied à distance, face à Leslie.

ROUQUIN (*plus calme*). – Tu vois les lumières qui flottent, autour de nous ? Est-ce qu'elles étaient là, avant que j'arrive ? Est-ce qu'elles étaient là, avant que j'ouvre les yeux ? (*Il ferme les yeux.*) Est-ce qu'elles sont encore là, si je ferme les yeux ? Et si tu fermes les yeux aussi ? Ferme les yeux. (*Leslie ferme les yeux.*) Est-ce que maintenant encore, les lumières flottent, ailleurs que dans notre tête ? (*Leslie ouvre brusquement les yeux et regarde le Rouquin. Pour la première fois, les yeux du Rouquin sont, grand ouverts, fixés sur les yeux de Leslie.*) Et si tu étais une lumière qui flotte dans ma tête, et que j'étais une lumière qui flotte dans la tienne ?

LESLIE. – Tu ne peux pas trouver un vrai jeu ?

Le vol des oiseaux emplit le ciel, couvre les voix, fait lever la tête au Rouquin, qui met deux doigts dans sa bouche.

Le Rouquin se met à siffler, colériquement, impérativement, un long sifflet modulé et précis.

Les oiseaux s'arrêtent un instant, planent en rond au-dessus du pont, et, d'un coup, disparaissent au loin.

LESLIE (*admiratif*). – Je ne connais pas quelqu'un, le Rouquin, qui soit plus écouté que toi.

Le Rouquin s'est levé. Il plisse ses yeux myopes, recule un peu en boitillant.

ROUQUIN (*furieux*). – Tu sais bien que ce n'est pas vrai. Tous, vous me détestez. Partout, on me déteste ; à l'école on me fait des grimaces, à la maison vous me faites vos sales sourires, dans la rue on me tend des pièges. Partout, tout le monde, toi et les autres, vous me mettez à part. Je le sais bien, moi : ceux comme moi, tous les détestent. Qu'ils crèvent, vous dites, qu'ils crèvent, ou qu'ils rentrent dans le rang. Et moi je ne veux pas, je ne veux pas, je ne veux pas.

Il disparaît dans l'ombre, tandis que Leslie l'appelle, sans oser bouger.

IV

Lorsque la sonnerie de la porte d'entrée retentit, tout le monde, au salon, lève la tête, émerge de sa rêverie ; tous se découvrent, se regardent. Chacun se prépare.

C'est Ma elle-même qui ouvre la porte, après un temps : d'un grand geste, résolu, comme si elle savait qui attendait derrière.

Dans l'encadrement de la porte apparaît Carole.

Carole, blanche comme la pleine lune, avec au centre, le petit cercle rouge, presque noir, de ses lèvres.

Carole, petite, maigre, fragile, transparente, posée délicatement sur ses pieds comme en équilibre sur les pointes. Carole, trempée des pieds à la tête, les cheveux plaqués, le visage couvert de gouttes qui coulent encore, les habits qui pendent en faisant des bosses et d'étranges ondulations tout autour d'elle. Carole, dont le bras est tenu par un policier affable et gêné. Carole, qui regarde cependant Ma droit dans les yeux, avec un pauvre sourire.

CAROLE (*désignant le policier*). – Ce monsieur veut... Pardon, vous me reconnaissez ?... Vous vous demandez, bien sûr... Pardon : bonsoir, madame. (*Baissant la tête* :) Bien sûr, je sais bien qu'il n'y a aucune raison pour que vous me reconnaissiez, il n'y a aucune raison pour que vous me receviez ; et je n'aurais pas dû venir chez vous, c'est sûr ; mais où donc, alors ? Ils voulaient un garant. Ce monsieur désire que vous me certifiez. Que voulez-vous : je débarque à New York, et ils me demandent où je loge, qui me garantit. Qui me garantit, n'est-ce pas ? Je ne savais pas trop moi-même. (*Temps.*) Moi-même, s'il ne s'était agi que de moi, je ne l'aurais pas bougé de là-bas, à côté de moi. On était bien, je n'avais rien à faire à New York ; et je n'ai débarqué ici que parce qu'on l'a enterré ici ; vous l'avez voulu, c'est sa famille et elle y a droit ; quel droit j'ai moi-même ; sinon de débarquer ici pour le suivre. Moi, je n'aurais rien fait de tout cela ; dans le lit, sans bouger, et New York, je n'y serais jamais allée. (*Temps.*) Mais maintenant, bien sûr... Il n'y a aucune raison pour que vous me garantissiez ; pourtant, ce monsieur est là ; ces messieurs veulent une garantie, et je suis là. Rien ne vous oblige à rien ; tout est votre droit. Je ne sais pas, moi ; j'en ai marre ; faites ce que vous pensez, madame.

Carole alors, plus blanche qu'il n'est possible, ses lèvres si foncées qu'on dirait un trou, vacille sur ses pieds, va d'avant en arrière, sans quitter son fameux sourire ; et Carole s'évanouit, et Ma la retient dans ses bras.

Au léger bruit qu'a fait sa chute, Al, Leslie, Anna se lèvent, viennent décharger Ma du poids du corps inerte. Leslie, avec un sourire entendu, parle au policier qui s'en va, et referme la porte.

Anna regarde de près, par au-dessus, comme pour en faire l'inventaire, le corps de Carole.

Al s'empresse de tous côtés.

Puis on se la passe, de mains en mains, on se la donne et se la redonne avec douceur et précaution ; on se la passe ainsi jusqu'au salon, où on l'asseoit sur un fauteuil, et où Carole ouvre lentement les yeux.

On se parle à voix basse en regardant Carole, on la comble de sourires auxquels elle répond ; on délègue

Ma qui s'approche d'elle, lui caresse les cheveux, et lui parle avec un bon sourire.

MA. – Pauvre petite fille. Mais pourquoi tant de bizarreries ? Vous avez eu raison, cependant, de venir ici. Vous allez m'écouter, n'est-ce pas ? Vous ne pouvez pas penser que je vous veux autre chose que du bien. Je vous prends en charge, tout entière ; votre fatigue, que nous allons réparer par une bonne nuit dans un vrai lit ; votre faiblesse, que nous allons changer en courage par un bon repas et une boisson chaude, réconfortante, comme moi seule sait les faire, vous verrez ; votre petite figure et votre timidité, car vous n'aurez en face de vous que de l'affection et de la gentillesse ; et votre bizarrerie même, est-ce que je pourrais ne pas la prendre en charge, elle aussi ? ; je m'occupe de vous tout entière, et vous, vous me promettez d'écouter ce que je vous dirai. Car je vois ce que vous allez faire, maintenant, comme si vous étiez ma propre fille.

Avec un grand sourire, Al s'approche, un verre et une bouteille à la main, fait de grands gestes de propositions à Carole. Mais Carole ne voit rien.

CAROLE. – Mais notez qu'il me semble, madame...

MA (*tapant dans ses mains*). – Anna, Leslie, faites déjà chauffer l'eau, amenez des serviettes, et mettez plus de lumière.

CAROLE. – Merci quand même pour le flic. Une nuit au poste, non merci, tout y est si sale, et cette odeur, comme cela pue, l'odeur d'homme, pas pour moi, merci bien. (*Temps.*) Mais notez qu'il me semble – vous direz que cela ne vous regarde pas, pourtant je trouve que si, cela vous regarde, plus que moi, peut-être –, il me semble que vous me devez bien ça. Vous vous portez garants – bien sûr, vous n'y êtes pas obligés ; vous n'êtes obligés à rien. Moi non plus, dans ce cas, je n'aurais été obligée à rien. Vous direz sûrement que ce n'est pas la même chose, mais pourtant, moi, je les ai bien supportées, ses bizarreries à lui. Et cela, ses bizarreries, cela ne vient pas de moi, qu'est-ce que j'avais à faire là-dedans, moi ? Je n'y comprends même rien, à toutes ses histoires ; c'est plutôt à vous, cela, c'est plutôt votre domaine ; comme si vous essayiez, maintenant, de me les mettre sur le dos. (*Temps.*) Pourtant, moi, ce n'est pas mon affaire, les gens qui ne font pas comme tout le monde, qui sont spéciaux, qui se distinguent ; c'est votre rayon, ça, le génial. Notez que vous pouvez me dire : mais qu'est-ce que j'ai été faire avec lui. C'est sûr : qu'est-ce que j'ai été faire avec lui. Mais cela, vous savez bien, on ne peut rien à ce genre de choses, c'est après qu'on se demande, c'est ce qu'on a de bizarre chacun. Pourtant lui, quand même, son bizarre à lui dépassait la mesure. Un peu tout le monde, c'est possible et normal ; mais lui, vous savez ce dont je parle, cela n'a pas pu vous échapper, même si c'est votre affaire à vous, même si on est tous un peu comme cela, chez vous. (*Temps.*) En attendant, moi, j'ai bien supporté tout cela, et maintenant je note que vous vous êtes portés garants et que cela me semblerait normal, vous voyez : moitié moitié, on serait quitte, quoi. Mais, bien sûr, vous pensez ce que vous voulez, et moi je pense ce que je veux.

Al renouvelle ses grands gestes, ses sourires, ses propositions, mais décidément personne ne veut le voir.

MA. – Avez-vous déjà vu un psychiatre ? (*Temps.*) Je veux dire que le repas chaud, le lit pour cette nuit, tout ce que vous voudrez, ma petite fille, tout, chez nous, est à vous, il faut vous servir, demander comme si vous étiez de la maison. (*Temps.*) Et puis, il y a le reste.

CAROLE. – Quel reste, madame ?

MA (*elle lui prend la main*). – Je crains pour vous que vous n'ayez été aimée comme vous ne le serez plus, écoutée, sans doute, comme vous ne le serez plus. Alors maintenant, Carole, nous sommes là.

CAROLE (*brusquement*). – Non.

MA (*surprise*). – Pardon ?

Al est enfin parvenu à se faire voir ; il tend un verre à Carole, qui le prend, et s'en retourne à son fauteuil, terriblement satisfait.

Carole, son verre à la main, se redresse légèrement, croise les jambes, se met à tapoter du pied sur le sol, et regarde autour d'elle, mondaine.

CAROLE (*tournée vers Al*). – Monsieur paraît si gentil, avec son sourire. (*Tournée vers Leslie* :) Monsieur est comédien, je crois ? Du moins, c'est ce que j'ai cru comprendre. Notez que je ne me mêle pas de vos affaires ; les gens peuvent bien faire ce qu'ils veulent. Mais vous devez connaître des écrivains, n'est-ce pas ? Est-ce que vous en connaissez, personnellement, je veux dire ?

LESLIE (*souriant*). – Pardon ?

CAROLE (*après un coup d'œil vers Anna*). – Mademoiselle, elle, ne m'aime pas du tout. Mais qu'est-ce qu'on peut à cela ? C'est son droit absolu. Elle m'a traitée de grosse poule, tout à l'heure, dans le couloir, quand elle était penchée sur moi. Notez que c'est son droit.

ANNA (*sursautant*). – Pardon ?

CAROLE. – Oui, oui, j'ai entendu distinctement « grosse poule », quand votre frère parlait au policier, que votre mère me tenait dans ses bras, et que vous étiez penchée sur moi. Notez que cela ne m'a pas fait grand-chose.

MA (*tapant dans ses mains*). – Anna, Leslie, préparez de quoi manger à Carole, et faites-lui son lit, vite, vite. Cette petite est toute gelée et ne se réchauffe pas.

On asseoit Carole, au premier plan, à table. Pour la servir, Leslie et Anna font les fous ; ils se jettent les ustensiles, se font des croche-pieds, courent l'un derrière l'autre, se parlent à l'oreille, esquissent des pas de danse.

Ma et Al les regardent, d'un air habitué et vaguement amusé. Puis Leslie et Anna miment derrière son dos, lentement, sans un bruit, et de manière presque rituelle, une petite scène :

L'Intrépide Amant brave, dans la montagne, le dragon aux pattes en lames de rasoir. Mais, de sa fenêtre, la Belle Masquée a fait « non » de la tête.

Il traverse la rivière où flottent toutes sortes de mines, et aborde de l'autre côté. Mais elle fait « non » à nouveau.

Il contourne, étrangle, abat un à un les gardiens de l'inaccessible château, armés de grenades et de sabres au laser. Mais lorsqu'au bout des épreuves il arrive aux pieds de la Belle, celle-ci, sans même se tourner vers lui, secoue sa tête de gauche à droite.

Alors l'Amant se tue, et tombe à ses pieds. Cette fois, elle le regarde, sa tête fait « oui » ; elle sort son couteau, découpe le cadavre, et, morceau par morceau, le mange tout entier.

Leslie jouait la Belle Masquée et Anna l'Intrépide Amant.

Carole a fini de manger ; elle essuie sa bouche, pousse un soupir. Regarde derrière elle.

Anna et Leslie esquissent des pas de danse.

CAROLE. – Sûr que, de la patience, j'en ai. D'ailleurs, tout ce qu'il fallait pour être avec lui longtemps, jusqu'au bout, je l'avais.

ANNA (*bas*). – Tu entends cela ?

LESLIE (*de même*). – Chut, Anna, chut.

CAROLE. – Mais je veux dire, seulement : le Rouquin, il aurait pu devenir bientôt un de ces vieux clochards qui demandent cent balles, et qui font pitié. Est-ce qu'il ne le serait pas devenu ? Je crois que si ; sauf que j'étais là, quand même, pour l'empêcher de prendre la pente.

ANNA (*bas*). – Qu'elle s'en aille, donc, ou je ne réponds plus de moi.

LESLIE (*de même*). – Tais-toi, tais-toi.

CAROLE. – Je ne dis pas que vous l'aimiez pas, non ; ce n'est pas du tout cela : vous avez votre manière à vous, votre air bien à vous, qui marche bien ici, et vous vous comprenez. Mais à part cela, en dehors d'ici, n'est-ce pas ? On peut s'entendre ici, entre soi, tranquillement, mais dehors ? J'aurais, moi, plutôt pitié de quelqu'un qui n'est aimé que chez lui.

ANNA. – On supporterait cela ?

Leslie la gifle.

ANNA (*criant*). – Et moi, je lui dirai, à cette grosse poule – oui, je le dis : grosse poule, grosse poule, grosse poule. Comment il a pu faire, donc, le Rouquin, avec elle ? Qu'elle me dise comment il disait : je t'aime ? Qu'elle me dise comment il la touchait, la serrait, lui parlait de tout près ; comment ils se disaient je t'aime, et toutes ces autres choses ? ;

comment ils faisaient cela ? Qu'elle me dise, qu'est-ce qu'elle lui disait, je veux voir comment une grosse poule dit je t'aime, et qu'est-ce qui arrive. Je veux voir, moi, ce qu'il a pu vouloir, au fond, le Rouquin. (*Elle pleure.*)

Carole s'est levée et enfuie. Ma l'a suivie.

Leslie prend Anna dans ses bras ; Al vient lui proposer un verre et ses sourires sont tristes.

Ma revient dans le salon ; tous se taisent. Elle s'assied dans le fauteuil, le regard droit devant elle, se passe la main sur le visage et allume une cigarette.

Puis elle les regarde tous, tape dans ses mains.

MA. – Je vous raconte une histoire avec moralité.

Al, tout joyeux, vient s'asseoir à côté d'elle, lui prend la main, la couvre de baisers avec de petits cris affectueux, et Ma se laisse faire.

Anna s'assied à ses pieds, et se fait caresser les cheveux.

Leslie reste un peu à l'écart, sombre.

MA. – Là-bas, dans ces régions lointaines, là où sont les montagnes où personne ne va jamais, reculées, reculées, infectées de bandits, et dont les chemins se tordent et sont remplis de pièges, il y eut un gros homme, un jour, qui voulut les franchir. « N'y allez pas, n'y allez pas », lui avait-on dit, « personne n'en revient intact. » Mais il avait bombé le torse en disant : « Femme, et toi, ma petite fille, montez dans la diligence. » On lui avait bien dit : « Vous voulez donc partir avec cette voiture-là, si coquette, si fragile ? Ils n'en feront qu'une bouchée. Mais il n'écoutait pas : « Qu'on charge les bagages, qu'on attelle les chevaux ; et puis partons, partons. » On monta les bagages, on monta la femme et la petite fille, le gros homme s'assit, et tous leur crièrent : « Dieu vous garde, tant pis pour vous. » Et les chevaux filèrent, et la petite fille chantait en tapant dans ses mains : « Nous partons, nous partons. » Et maintenant les chevaux filent sur le chemin tordu et tout plein de mystère. Mais, au premier virage, un horrible bandit a surgi des fourrés en poussant un grand cri, et court derrière la diligence. « Plus vite, les chevaux, plus vite. » Mais déjà le bandit les rattrape, s'accroche à la voiture, monte sur le marchepied, sans arrêter de crier, crier, crier, à vous arracher les oreilles. « C'est l'or qu'il veut », dit le père. « L'or ? » murmure la femme. « Donne-lui, donne-lui », crie la petite fille.

« Jamais », dit le gros homme en faisant les gros yeux. Mais, comme le bandit frappe contre la vitre, montre son hideux visage, le gros sort sa bourse, compte son or, pousse un gros soupir, ouvre la fenêtre, et jette tout sans regarder à la face du méchant. L'or roula sur le sentier, fila le long des pentes, dévala le précipice et disparut au fond. Mais le bandit n'a pas tourné les yeux, et continue de crier, crier, crier, à vous ébranler le cerveau. « C'est notre petite fille qu'il veut », murmure le papa. « Ne me donne pas, ne me donne pas », pleure la petite fille. « Donne-la », crie la mère. « Jamais », dit le gros homme. Mais déjà l'horrible main pénètre dans la voiture, et happe de tous côtés. Alors, sans regarder, la mère prend les cheveux, le papa prend les pieds, et ils poussent la petite à travers la fenêtre. La petite fille glissa sur le chemin, s'enroula dans ses cheveux, rebondit sur le rebord, et s'écrasa au fond avec un petit cri. Mais l'horrible bandit a gardé sa main là, et n'arrête pas son cri. « Plus vite, les chevaux, plus vite ». « Je sais ce qu'il veut », crie le gros, « tes bijoux, tes fourrures, donne-lui ». « Les fourrures, jamais, mes bijoux, jamais », hurle la pauvre femme. Mais lui, arrache les bagues des doigts de sa femme, jette les fourrures par la fenêtre, pousse sacs et valises, qui tombèrent sur le chemin, dévalèrent le ravin, furent perdus à tout jamais. Mais lui, le bandit, crie toujours, s'agrippe à la portière, force la serrure, et son cri devient terrible. « C'est donc toi qu'il exige », dit le gros homme en faisant les gros yeux. « Ah, ne me donne pas, ne me donne pas », sanglote la pauvre femme. Mais il s'approche d'elle. Les ongles de la femme ont griffé la banquette, arraché le bois de la porte, se sont piqués d'échardes, mais quand même elle a roulé quelques mètres de chemin, puis volé et plané au-dessus de l'abîme, et disparu au fond sans faire le moindre bruit. Mais le méchant est là, il ne lâche pas prise, et la porte va céder. « Plus vite, les chevaux, plus vite. » « Sont-ce mes armes que vous voulez ? » gémit le gros homme en s'épongeant le front, et il passe par la fenêtre, un à un et tout doucement, son sabre, son pistolet, un couteau, et même l'épingle de sa cravate. Mais le méchant visage ne disparaît pas, ni le cri, surtout. Alors, désarmé, ruiné, à demi-nu, et seul pour toujours, le gros homme saute de la voiture, le bandit saute aussi, et les chevaux filèrent, la coquette et fragile diligence filait au loin et disparaissait, perdue à tout jamais. Debout, face au bandit, le gros homme bombe le torse une toute dernière fois, essaie tant bien que mal de faire les gros yeux, regarde le bandit qui a cessé de crier, et il demande :

« Dites-moi, cher monsieur : qu'est-ce que vous voulez, au juste ? » Sans un mot, le bandit le regarde des pieds à la tête, puis il fait demi-tour, s'éloigne lentement vers les fourrés, les mains dans les poches. Et quand il eut disparu, le gros homme, solitaire, ruiné, sans arme et tremblant de froid, entendit son rire, un horrible rire qui lui arracha les oreilles, lui ébranla le cerveau, et qu'il entendit longtemps, interminablement.

ANNA. – Et la moralité ?

MA. – La moralité ? (*Réfléchissant.*) Je ne sais pas, moi. (*Puis, caressant les cheveux d'Anna, regardant la tête d'Al posée sur son épaule, tendant son bras vers Leslie* :) Ne me laissez pas seule. Il faut rester unis. Sinon...

Leslie sort.

V

Dans un New York abstrait, nocturne, déconnecté.

LESLIE. – Ce soir-là, je suis sorti, j'ai appelé un taxi, je lui ai dit : « Emmenez-moi, monsieur. – Où, monsieur ? – Au meilleur endroit possible, monsieur. – Bien, monsieur » m'a-t-il dit, et il m'y a emmené. Et depuis, j'y stationne. De moi-même, je ne sais pas où me mettre, je sais que je n'ai rien à attendre en stationnant ici, mais je ne sais réellement pas où je dois me poser. Ici, du moins, les cabines téléphoniques ont les fils arrachés et servent de poubelles ; les voitures ne passent pas, sauf quelques taxis qui y amènent des gens et repartent à vide ; ici, les corbeaux volent sur le dos, les chiens sont aveugles, tout le monde marche à reculons ; enfin, je suis parmi mes frères, et je peux stationner. (*Temps.*) « Conduisez-moi, monsieur, là où vous verriez un homme comme moi. » Et je suis descendu là où il m'a dit : « Vous y êtes, monsieur. » (*Temps.*) Je ne suis qu'un pauvre comédien, jamais soi-même, toujours entre deux décors, maladroit, incertain, amoureux ; je ne suis rien d'autre qu'une feuille de papier poussée par le vent, que n'importe qui ramasse ; et il jette un coup d'œil en fronçant le sourcil. Je suis un amoureux qu'on regarde en fronçant les sourcils. Pourtant, moi, je n'ai rien contre rien, enfin, je suis sans opinion réelle sur ce qui est préférable à autre chose, sur ce qui est méprisable ; je m'accommoderais de tout, comme de faire une famille, de décorer un home, mais réellement, je ne sais pas par où commencer, comment m'y prendre, enfin, je ne saurais pas comment m'intéresser à tout cela. Qu'on me donne cependant un amour d'homme, enfin : un amour posé quelque part, solide, épais, un amour à toucher, à palper, à saisir, à torturer sous mes doigts ; j'ai des besoins, moi, de toucher, je suis profondément physique et tactile, si vous voyez ce que je veux dire. Mais je demeure une feuille de papier amoureuse, je suis amoureux, point final – d'un amour global, général, indéterminé, vague, abstrait. Comment faire une famille, avec tout cela ? Comment reproduire un salon, une salle de bains, une chambre à coucher, une marmaille, avec du vent et des froncements de sourcils ? (*Temps.*) Non pas qu'il ne m'arrive jamais rien, au contraire : il m'arrive une foule de choses, dont je n'ai même pas le temps de faire le tri, qu'est-ce qui est préférable, qu'est-ce qui est méprisable. Seulement, la chose préférable à toute autre, je passe à côté ; je m'en rends compte après, mais vraiment : juste après, au moment précis où cela me glisse entre les doigts, et je me dis : eh bien, maintenant, qu'est-ce que je fais de moi ? Alors, je parle aux absents, je me déclare aux morts ; je regrette, surtout, je suis un spécialiste du regret : j'aurais dû surveiller ton regard, ne pas te quitter d'une semelle ; j'aurais dû garder ma main toujours sur toi, et sentir quel est ton besoin ; j'aurais dû tenir toujours mon oreille tout près de tes lèvres, pour qu'au moindre mouvement, qu'elles s'entrouvrent à peine, et je devine quel désir elles veulent exprimer ; et tout de suite je le satisfais ; au moindre mouvement, au moindre frisson, au moindre silence, j'aurais dû comprendre tous tes désirs, surtout les plus futiles. J'aurais voulu être pour toi celui qui satisfait les désirs bêtes et qu'on n'ose pas dire, si vous voyez ce que je veux dire. (*Temps.*) Enfin : « Taxi, emmenez-moi où doit aller un homme comme moi, vite, vite. – Bien, monsieur. » Où être un être simple, avec des boutons sur la gueule, et l'envie de porter les gants du voisin ; désirer par-dessus tout une belle paire de gants de peau ; et, pour le reste, à l'aise dans la vie ; je me réveille, je tire les rideaux, salut New York, le soleil, de l'eau sur la peau, salut Leslie, qui vais-je appeler au téléphone, avec qui déjeunerai-je, qui va me sourire, avec qui dînerai-je, qui m'appellera au téléphone, qui restera éveillé toute la nuit avec moi, qui s'endormira avec moi au matin, qui me regardera me réveiller, tirer les rideaux, salut New York, salut Leslie. « C'est ici, monsieur. – Merci, merci beaucoup. » (*Temps.*) Et maintenant, c'est fini ; je suis parti, cette fois, pour de bon. Je suis un corbeau qui vole sur le dos pour ne voir que le ciel ; je suis un chien aveugle qui marche à reculons. Je suis celui qui dit, les mains sur les oreilles et les yeux bien fermés : « Plus un regard sur moi, s'il vous plaît ; regardez devant vous, regardez-vous entre vous, laissez-moi passer, invisible, transparent, silencieux, posé sur un nuage ; je me glisse entre vous, et personne ne me voit ; s'il vous plaît, que chacun se plonge dans son être profond et coupe les cordages. » Sinon (*il ouvre les yeux, prend une attitude menaçante, porte les mains à ses poches*), alors, là, je suis bien décidé à me défendre. Gare à vous, je me défends. La première chose : je tire mon flingue. Un regard, un souffle, et je tire mon flingue : tu m'as regardé, n'est-ce pas ? D'accord. (*Il tire, pousse du pied le cadavre.*) Je regrette, vraiment, mais je suis comme cela : je suis celui qui tire son flingue si on le regarde. Qu'est-ce que c'est ? (*Il se retourne brusquement.*) J'entends respirer, ou je rêve ? Tant pis pour vous. (*Il tire.*) Fallait savoir que j'étais celui qui tire si on respire. Et maintenant, qu'on le sache, que cela se dise : j'ai le flingue facile. (*Soudain, il écarquille les yeux, porte la main à sa poitrine.*) Salauds. Qui a tiré ? Qu'il se montre. (*Nouvelles douleurs, il accuse les coups.*) Non, ne tirez plus. Au secours. Salauds. Montrez-vous. Je me rends. Au secours, au secours : on me tire dessus. (*Coups, contorsions, cris.*) Ne me laissez pas mourir ; arrêtez de tirer, je ne veux pas mourir, je ne veux pas mourir. (*Hurlant, tremblant, la main sur sa poitrine, Leslie traverse en titubant des épaisseurs d'hallucinations et de peur, et se retrouve soudain dans...*)

VI

... dans un espace clos, noir, où se distinguent seulement la forme d'un cercueil neuf : l'intérieur du mausolée. Debout en équilibre sur le bord du cercueil, le Rouquin avance.

Il aperçoit Leslie, lui adresse un sourire triomphant.

ROUQUIN. – T'as vu ? (*au même moment, il perd l'équilibre ; Leslie le retient juste à temps dans ses bras. Se dégageant, furieux* :) Nous voilà en famille ; il ne manquait plus que cela ; je ne peux pas être quelque part tranquillement à jouer, il faut que toute la famille se réunisse où je suis, toi ici, et l'autre conne à la porte. Tu sais qu'elle est là, l'autre conne, à la porte ?

Elle est revenue, pauvre veuve, elle adore ce rôle. Comment elle passe la grille, je voudrais bien voir cela, comment elle s'accroche partout pour venir pleurer là ; bon dieu la conne qui pleure là comme n'importe quelle veuve. J'attends que les flics reviennent la chercher, je voudrais voir cela, comment ils la ramassent, la grondent ; voir la tête qu'elle fait et la tête qu'ils font tous : ne pas trop la brusquer, pauvre veuve, elle ne fait que pleurer, ce n'est pas interdit, même que c'est très bien, sauf que c'est interdit d'entrer dans un cimetière à n'importe quelle heure, et de rester là. Et ils la relâchent, elle revient, elle reste là qui pleure, ils reviennent, et trente-six fois comme cela, jusqu'à ce qu'ils en aient marre et qu'ils l'enferment une bonne fois chez les folles ; comme cela j'aurai la paix, rien à foutre d'une pauvre conne de veuve qui pleure à ma porte.

LESLIE (*complice*). – Rien à faire, que tu dis ? Moi, je ne crois pas tant que cela. Tu as bien choisi ton moment, le Rouquin, non ? (*Regard malicieux du Rouquin.*) Ni trop tard, ni trop tôt, mon vieux, pour avoir tout pour toi, les larmes des femmes et le reste, et qu'il ne reste rien pour moi, non ?

ROUQUIN (*sourire très malicieux*). – Les femmes ont du plaisir à chialer.

LESLIE. – Et c'est pour faire plaisir aux femmes, rien qu'à cause du plaisir des femmes, le Rouquin ?

ROUQUIN (*levant un doigt vers le ciel*). – « Faites ce que vous voulez de votre saloperie de corps ; faites plutôt gaffe aux salauds qui en veulent au reste ; s'ils attrapent le reste, ils ont tout. » Tu ne connais pas ta Bible ? Saint Jean, chapitre quinze, verset dix-neuf ; et encore : « Mieux vaut pour vous un pruneau dans votre caboche, vite fait, vous êtes déjà coincé, gare à la géhenne », Matthieu, dix-huit, sept à neuf. Tu ne sais rien, de quoi veux-tu qu'on parle ? T'es coincé et tu ne sais rien.

LESLIE. – Et moi, vieux, dans tout cela ? (*Le Rouquin fronce le sourcil.*) Les femmes te pleurent, toi tu t'enterres ; mais moi, là-dedans, je suis toujours là, et bien là. (*Demi-sourire malicieux du Rouquin.*) On aurait pu avoir encore un ou deux bons soirs dehors, à jouer. Tu n'aimais pas les soirs dehors, à jouer sous le pont ?

ROUQUIN (*furieux*). – C'est que tu me les casses, avec tes histoires. Rien à foutre, moi, de tes salades. T'as que ça à penser, toi. Tes émotions, Leslie, tu sais ce que j'en pense ? Tu sais ce que j'en fais ? Bon dieu, quelles salades, autour de moi. Tout ça peut autant ne pas exister, c'est tant mieux, c'est pareil. Tout ça, c'est de la salade. (*Marchant de long en large* :) Regarde Ma, cette bête : rien dans la tête, rien ailleurs que dans les poches de son tablier ; elle pourrait autant ne pas exister, et qu'elle ait son tablier pendu dans la cuisine ; on ne verrait pas la différence. (*Il s'arrête de marcher.*) L'autre, le vieux, ça c'est un homme.

LESLIE. – Quoi ?

ROUQUIN (*regardant par terre*). – C'est plein de flotte, ici. Plein de flaques d'eau pour se noyer. Tu sais qu'on se noie dans une flaque d'eau comme rien, quand on est un môme ? On fait un faux pas, on se casse la gueule, on tombe dedans la tête la première, un peu sonné, et ça y est.

LESLIE. – Ce serait venu comme cela, par hasard, lorsque tu étais môme, on n'aurait pas fait tant d'histoires.

ROUQUIN. – Cela n'arrive jamais par hasard, jamais, pauvre con.

LESLIE. – Tu veux que je te dise ? Tout cela, je suis d'accord ; d'accord que la famille, c'est ce que c'est, que Ma n'est pas la grosse tête, que le vieux est un soûlot...

ROUQUIN (*brusquement*). – Pas lui, ta gueule, pas un mot, pauvre con – il ne sait rien et il parle.

LESLIE. – Tu veux encore que je te dise quelque chose ? Je commence à en avoir marre de tes petits airs, de tes « pauvres cons, j'en sais plus moi, je suis plus malin que vous, et d'abord je suis mort, j'en sais de toute façon plus » ; tes petits regards qui nous prennent pour rien, et tous tes « pauvres cons ». Parle-moi autrement, s'il te plaît, cela commence à bien faire. (*Le Rouquin baisse la tête.*) Bon, tout cela, d'accord. Mais tu veux que je te dise ? Une bonne femme, tu t'en es bien trouvé une, et cela tout seul, personne ne t'y a obligé. Alors, comme cela, tu joues le type : « les femmes, moi, c'est rien du tout, tout est rien du tout, moi, je ne vois pas comme vous » ; et, en attendant, tu te choisis une femme tout ce qu'il y a d'ordinaire, comme le dernier des Américains, et tu te barres avec elle comme n'importe quel fils de n'importe quelle famille qui veut se barrer. Mais je comprends cela, je ne dis pas le contraire, c'est juste pour te dire. Alors, tu joues le type qui veut faire des expériences, qui regarde le monde avec d'autres yeux, au point qu'on n'y comprend rien à tout ce que tu racontes ; et qu'on dise : quels drôles d'yeux il a pour le monde ; mais, en attendant, tes expériences, tu ne te mets pas à parcourir le monde tout seul pour les faire : tu te trouves une petite femme ordinaire, et, comme n'importe quel Américain moyen, tu t'enfermes avec elle dans un petit home, et tes expériences, tu les fais dans un petit home bien tranquille. Je comprends cela, c'est sûr, je ne dis pas le contraire, c'est juste pour te dire. Mais quand même, tout cela, cela ne t'a pas été donné, tu l'as bien trouvé tout seul, hein, le Rouquin ? Il n'y a pas d'un côté ce que tu trouves et qui est génial, et de l'autre ce qu'on te donne qui n'est rien du tout.

ROUQUIN. – Rien du tout, je n'ai rien trouvé du tout, bon dieu le con, pas de différence dans tout cela, mais par où commencer ? Qu'est-ce que tu veux comprendre si tu fais des différences ? Pas besoin de parcourir l'Amérique, pauvre con : tu te couches sur ton lit, tu regardes autour de toi, et tu te demandes : quel prix j'ai, dans tout cela ? Tout le monde se demande quel prix il a, combien il représente, et ensuite cherche le moyen de valoir le plus possible. Simplement, tout ce qu'il aura gagné, en restant à réfléchir dans cet ordre de choses, c'est qu'il pourra se dire, quand il y aura la géhenne : il brûle là quelque chose d'un plus grand prix que ce qui brûle à côté ; et qu'est-ce qu'elle en aura à foutre, la géhenne ? Alors je me suis dit : je cherche une autre base de calcul, et l'autre base de calcul, je l'ai trouvée. Prends un autre système de calcul, Leslie, sans rien en dire à personne, et évalue alors Carole, toi-même, tout et tout le monde, tu rigoleras. Trouve-le si tu le peux. Moi, j'en ai trouvé un, et, rien que pour vous emmerder, je donne les résultats sans donner le système. De toute façon, vous êtes tous d'une bêtise infernale.

LESLIE. – Rien que pour nous embêter, que tu as fait cela ?

ROUQUIN. – Rien que pour vous emmerder.

LESLIE. – Et pour quoi d'autre, encore ?

ROUQUIN. – Pour plein d'autres choses, encore. Pour te faire parler, pauvre con.

LESLIE. – Où tu as appris ce langage, le Rouquin ? Personne ne parle comme cela, chez nous.

ROUQUIN. – Moi, je parle comme cela, pauvre con, bon dieu de merde, putain, putain, putain. (*En riant aux éclats, à chaque mot, avec un petit regard malicieux, il sort une liste interminable de grossièretés et de mots obscènes. Puis brusquement* :) D'ailleurs, tu n'arriverais pas à marcher en équilibre là-dessus sans te casser la gueule une fois au moins. (*Il monte sur le cercueil, fait de l'équilibre tout au bord, avec un regard triomphant, arrive au bout, et tombe.*)

LESLIE. – Toi non plus, tu n'y arrives pas.

Le visage vers le sol, le Rouquin ne bouge plus. Leslie s'approche, ramasse le corps, le prend dans ses bras, essuie le visage trempé d'eau.

On entend, au-dessus, une vague agitation : les sanglots de Carole, des voix d'hommes, quelques rires.

Quelques bruits d'ailes, à l'intérieur.

Des portières de voiture qui claquent, dehors.

Et Leslie, qui ne sait pas quoi faire du corps, s'assied en le gardant dans ses bras, et s'endort, le visage penché vers celui du Rouquin.

VII

En se frottant les mains, Al apparaît devant le rideau de scène.

AL. – S'il vous plaît, je demande... (*Brouhaha*). Ecoutez-moi, je vous prie, ce que j'ai à vous dire est extrêmement important. (*Brouhaha.*) C'est au nom du gouvernement américain, au nom de chaque Etat de la fédération d'Amérique, c'est au nom de notre peuple, en mon nom propre, moi, Al, ancien soldat de l'armée américaine, que je vous prie : écoutez-moi. (*Silence. Il a un mouvement nerveux du corps.*) Ce sont mes jambes, pardon. Elles voudraient tant sauter, faire une pirouette, danser un petit coup. Il faut que je les supplie : ne bougez pas, mes petites ; il faut que je les tienne des deux mains : non, pas de pirouette. (*Il boit un grand verre de whisky.*) Il faut que, par n'importe quel moyen, je les remplisse de coton, et qu'elles finissent par se détendre. Est-ce le moment de sauter ? (*Confidentiel* :) Ma pleure, là-bas, son visage penché vers le poste de radio, elle pleure sur ses enfants ; est-ce que ce serait décent de s'envoyer en l'air ? Pourtant, il y a de quoi. Au nom de tout ce que je vous disais tout à l'heure, je l'ai entendu à la radio, cela est officiel ; on y va, on y retourne, l'Amérique mobilise. Je savais bien, moi, que ces temps de relâche sont pour reprendre notre souffle ; et que, tandis que toutes ces pauvres mères soignent inutilement leurs petits, tandis que les familles se chamaillent sans répit, tandis que nous devisons, là, tranquillement, ailleurs, sans que réellement on en soit averti, sans que nous le sachions vraiment, on circule dans les bureaux, on décide aux ministères, on dose, on mélange, on expérimente dans les laboratoires, on travaille en commissions, on fabrique dans les usines, le Pentagone turbine sans relâche, la Maison Blanche tranche sans appel, et au bout du silence, tout à coup, il y a la radio, et mes jambes, plus nerveuses que jamais, qui se mettraient à danser, s'il n'y avait dans son coin, les larmes de Ma sur ses enfants. (*Temps.*) Mais je suis Al tout de même, ancien soldat de l'armée américaine, et si vous n'en croyez rien, si mon allure vous égare, moi, je m'y reconnais bien. Ne vous y trompez pas : il est des généraux, même, qui dans le civil ont des allures curieuses, un genre à la française, des allures de poules ; eh bien, voyez les dieux qu'ils sont sur un champ de bataille. Or moi, deux mots à la radio m'ont brusquement remis dans le nez cette odeur familière, nocturne, si lointaine déjà, des campements de guerre – l'odeur d'homme et de forêt – et dans mes oreilles, les bruits profonds et inquiets de la jungle piégée et des hommes en éveil ; et, au fond de mes yeux, l'infini dessin des cercles des avions qui tournent en silence, et vous tiennent debout ; oh, le goût de la guerre, le vrai goût de l'Amérique, que j'ai bien reconnu. Il faut s'être trouvé, un matin, après l'affrontement, seul, égaré, épuisé, sur un terrain inconnu et hostile, tout fumant encore et couvert de cadavres, et se réveiller là d'un évanouissement ; il faut avoir voulu mourir, un jour, dans l'enfer étranger ; alors soudain, c'est là que votre oreille frémit, que votre cœur se réchauffe ; tout à coup, dans cette plaine ennemie chaude encore de sang, quand vous vous croyiez seul et appeliez la mort, il résonne près de vous quelques mots dits tout bas, un juron de chez nous, quelque chose comme « What a mess ! », ou « Where are my boots ? », n'importe quoi, mais soudain cet accent familier, le goût de notre Amérique au fin fond de l'enfer qui vous ramène à la vie, et que j'ai reconnu, ce soir. Au nom de cette vie là – bien que j'entende, là-bas, les pleurs de Ma sur ses enfants, et qu'à moi, vieil Al, il ne me reste rien d'autre aujourd'hui que le rôle obscur du consolateur –, au nom de l'éternel, l'universel goût américain, je dis : maintenant qu'on est prêts, qu'on a travaillé, réfléchi, turbiné, oui, qu'ils y retournent ; et puis qu'il en revienne, ce brave Leslie, comme il le pourra. (*Temps.*) Que voulez-vous : il était temps, et j'ose dire que c'est tant mieux. Tout va si mal, ici, tout est si divisé ; nos enfants vont si mal – vous savez de quoi je parle – qu'il était vraiment temps que la guerre se déclare. Personne ne veut ressembler à personne, personne ne veut que tout le monde se ressemble ; or moi je dis bien haut que tout le monde se ressemble plus qu'il ne veut bien le dire – simplement, il y a l'âge, qui fait que moi je suis un ancien soldat américain, que eux vont l'être demain – c'est officiellement dit –, qu'ils y retournent, eux, alors que moi j'y suis déjà allé, éternel cercle de la vie, tout recommence, j'ose le dire. Que voulez-vous : ils ne savaient que dire : ah non, pas moi – moi jamais. Alors, par petits groupes ils se sont divisés, nous on pense comme ceci, nous on pense comme cela, et à l'intérieur des groupes, encore : nous on est intelligents, nous on veut casser la baraque, moi je lis tel journal – divisés, divisés, jusqu'à se retrouver tout seuls –, chacun de nos propres enfants n'est-il pas aujourd'hui si terriblement seul qu'il faut s'en alarmer ? Comme si on ne pouvait pas penser ce que l'on veut, lire ce que l'on veut, vivre comme l'on veut, et, tous ensemble, y aller. Voyant cela, comment faire, que leur dire, sinon, à l'intérieur, s'alarmer terriblement, et penser au fond de soi : Tout ça, c'est pas possible. (*Temps.*) Voulez-vous mon avis ? Prenez votre propre enfant ; prenez ce brave Leslie : j'ose dire que c'est pire, chaque cas pris à part est pire que les autres ; mais les comédiens, les artistes, c'est mille fois, mille fois pire que tout. Pourtant, est-ce que je ne suis pas artiste, moi-même ? Si, je suis un ancien artiste ; mais est-ce que pour cela je me mets à part ? Non, je ne me suis jamais mis à part, jamais cru dispensé ; est-ce que les artistes ne se croient pas tous dispensés ? Hélas, si, tous s'y croient, comment croire que les artistes ont encore une raison d'être, s'ils se croient dispensés d'être Américains ? Est-ce que je n'aurais pas des idées sur l'art, moi aussi ? Si, j'en ai, j'aime autant vous le dire ; je dis que l'art ne doit pas se croire dispensé. Mais voyez les artistes ; tous se mettent à prendre leurs allures à la française, des allures de poules ; tous se mettent à jouer du Marivaux. Je n'ai rien contre Marivaux, ce n'est pas du tout cela, j'aimais fort Marivaux, je ne crache pas sur la belle langue. Je suis artiste et soldat américain, j'aime la belle langue française et l'armée américaine. Mais, en les voyant tous, je m'inquiète, je m'alarme, je me dis en moi-même (*hochant la tête* :) « C'est vraiment quelque chose. » Car ce qu'on leur entend dire, n'est-ce pas – et vous me comprenez –, c'est : « Fini, les idées sur l'art, fini, les idées sur l'Amérique, sur la liberté, sur l'homme – finies vos idées sur l'homme. » Vous avez compris : « Fini de penser que l'homme doit boire de l'alcool, jouer au rugby et siffler les filles. » Est-ce que les hommes maintenant ne siffleront plus les filles ? Est-ce que le rugby est un sport interdit ? Est-ce qu'on vous fera les gros yeux quand vous boirez un petit verre ? Alors, si le monde doit devenir cela, moi, fermement, je garde mes idées, et, sans rien dire à personne, je penserai quand même (*hochant la tête* :) « C'est vraiment plus possible. » (*Temps.*) Cependant ils y vont ; tout recommence toujours, je l'ai toujours dit, le Vietnam après la Corée, la Corée après tous les autres, et ce n'est pas fini, éternel cercle de la vie. Comment ils reviendront, personne ne peut le dire, mais ce que l'on peut dire, c'est qu'eux-mêmes, bien plus tard, regardant leur passé dans l'œuvre de leurs enfants, à leur tour hocheront la tête, et intérieurement se diront : « Vraiment, vraiment, vraiment. » (*Temps.*) Que mes jambes maintenant me portent où il le faut. (*Temps.*) Et si vous avez vu devant vous un vieil homme chétif, maladroit, qui n'a que peu souri, et marchait en hésitant, il n'empêche pourtant que je ne suis rien de tout cela. Je suis fort comme une armée de milliers d'hommes jeunes ; mon visage, sous celui que vous voyez, rit et montre toutes ses dents. Quant à mes jambes, si elles vous semblent dociles, ne vous y trompez pas ; en réalité, je danse. (*Temps.*) Si vous avez cru voir devant vous ce que vous croyez voir encore et qu'en réalité il n'y a jamais rien eu de tout cela, c'est qu'il y a Ma, près de moi, qui pleure. (*Il sort rapidement.*)

VIII

Henry, assis sur le rebord du pont, agitant un drapeau blanc.

Leslie, sombre, en bas, faisant les cent pas.

LESLIE. – C'est le genre de chose qui te fait rire, toi ?

HENRY. – Simplement, je sais ce que je ferai.

LESLIE. – Tu sais ce que tu feras, hein ?

HENRY. – Oui, je sais, moi, ce que je ferai, si l'on me force. Comme je ne voudrais pas voir leur gueule, que je ne voudrais rien savoir d'eux, et je ne voudrais pas non plus qu'ils voient ma gueule et qu'ils sachent rien de moi, alors, je marcherais le cul vers l'ennemi. Une armée de dos et de culs s'avance vers l'ennemi. « Tirez », dit le général ; et ils tirent dans la direction de leurs regards. Cela, c'est sûr, ça ne leur plairait pas. Si tous faisaient pareil, je le ferais aussi.

LESLIE. – Mais, à part cela, tu saurais te battre, tu saurais te défendre, hein ?

HENRY. – C'est sûr que je saurais.

LESLIE. – Henry et ses gros bras.

HENRY. – Je n'ai pas de gros bras, mais je saurais

quand même ; je les connais, les gros bras, et ils ne me font pas peur ; le genre de type musclé, qui se repose, tranquille, sur ses gros muscles, le type qui sourit tout le temps parce qu'il sait que d'un coup de patte il peut te balayer ; sûr que je le connais bien, le genre amerloque ; d'un coup de patte, il balaie ce qu'il veut : alors, il te sourit tout ce qu'il peut avant, n'hésite pas à te serrer le bras ou te taper sur l'épaule juste assez fort pour que tu sentes bien qu'il peut te balayer. Je ne suis pas le type à balayer quelqu'un ni à taper sur l'épaule, je ne suis pas l'Amerloque, moi. (*Temps.*) C'est comme les videurs de boîte : ils te prennent par la peau des fesses, te tirent de ta table, te jettent dehors par-dessus leur épaule comme une allumette, en t'arrachant tous les boutons de ta chemise ; et puis ils te regardent, les mains sur les hanches, avec leur gentil sourire de videurs – même que parfois ils te relèvent, t'enlèvent la poussière du pantalon, et te filent une tape sur l'épaule comme si t'étais leur meilleur copain. Mais, en attendant, tu pourras gueuler tout ce que tu veux, ça ne sert à rien : tu ne mettras plus les pieds dans leur boîte, et ta chemise, tu peux la foutre en l'air. Les Américains sont tous des videurs de boîte. Seulement les gros bras, ils ne me font pas peur, ils sont bien trop lourds quand ils se mettent à bouger. C'est sûr qu'ils deviennent lourds et patauds à force d'être musclés. Alors, peut-être qu'ils ont tout ce qu'il faut pour te balayer, leurs gros bras et l'envie, mais le temps qu'ils remuent tout ça, toi, tu n'es plus là, si tu te débrouilles bien ; et leurs bras, ils pourront toujours balayer dans le vide. Je ne suis pas, moi, le genre lourd et pataud.

LESLIE. – Mais là, maintenant, comment tu vas faire pour t'en tirer, pour ne plus être là, hein ? Comment tu feras ?

HENRY. – Ce que je ferais, moi, si l'on me force, c'est d'avancer droit devant, les mains dans les poches. Tu avances en regardant la ligne d'horizon, une belle armée de types la tête haute regarde l'horizon. « Bien », dit le général. Mais les mains dans les poches : « Sifflons, camarades. » – « Bien, dit le général. Quel courage ont nos hommes ». Mais les mains dans les poches. « Et si l'envie de pisser vous vient, arrêtez-vous sans quitter l'horizon du regard. » « Bien, dit le général, mais ne gardez pas les mains là, l'ennemi approche, l'ennemi est là, tirez », dit le général. Et l'ennemi tire sur une armée de types en train de pisser ou de marcher en sifflant, les mains dans les poches. Si tous faisaient pareil, c'est sûr que je le ferais aussi, et que ça ne pourrait pas leur plaire.

Mais tous ne le feraient pas. Il y a trop d'Amerloques parmi nous, Leslie.

LESLIE. – Henry...

HENRY. – Et on n'est pas prêt qu'ils aient débarrassé le plancher.

LESLIE. – Dis-moi...

HENRY. – Pourtant, c'est sûr, c'est toujours par eux que ça commence, c'est eux qui ont commencé, bon dieu ; d'ailleurs, ils ne savent que commencer.

LESLIE. – Qui t'a rasé la tête ?

HENRY. – Le premier Amerloque venu déclare la guerre à l'autre premier venu, rien que s'il se sent un peu plus fort que lui, ou que l'autre a des boutons dans la gueule, ou je ne sais quoi encore. Et puis ce sont tous les videurs de boîte qui déclarent la guerre à tous ceux qui ne veulent pas payer, simplement parce qu'ils se sentent plus forts, et bien qu'ils n'en aient rien à foutre qu'on paie ou non, c'est pas eux qui encaissent ; mais cela ne fait rien, ils te sentent un peu plus faible, ils te tirent par la peau des fesses, ils te rasent la tête pour être sûrs de te reconnaître : « Viens encore faire du gringue aux filles, avec une tête rasée », et tant qu'ils n'auront pas tous débarrassé le plancher, ce sera comme cela, les Amerloques déclarent la guerre où ils veulent, quand ils veulent.

Mais moi, qu'est-ce que j'ai à faire avec ces types-là ? Je suis de l'autre côté. Simplement je me dis : tu as des boutons dans la gueule et le premier venu te la casse ; dans les boîtes, tu te fais raser la tête et sortir à coups de pied au cul ; alors, qu'est-ce qui t'attend à plus grande échelle, je me le demande, qu'est-ce qui m'attend avec les videurs suprêmes de la grande Amérique ?

LESLIE. – Moi, je ne serais jamais capable de casser la figure à quelqu'un ; jamais je ne pourrais taper sur un visage ; rien qu'à voir le visage, je ne pourrais pas.

HENRY (*s'excitant*). – Moi, je le pourrais, je te le jure. Taper sur un visage, cela ne me ferait pas peur, au contraire. Si j'avais les bras pour le faire, mais des bras énormes, à la taille de l'ennemi, à l'échelle qu'il faut (*il se lève, boxe*), je taperais aussi haut que je peux, tiens pour toi, tiens pour toi, je m'attaquerais à la vraie, à la grande, à la suprême Amérique, l'Amérique-Kissinger, l'Amérique-C.I.A., l'Amérique-Nixon-Carter-and-the-others, tiens pour eux, tiens pour eux. (*Temps.*) Tu ne t'es jamais fait vider d'une boîte, Leslie.

LESLIE. – Je ne vais jamais dans les boîtes.

HENRY. – Moi, toujours, tous les soirs, je ne peux pas m'en empêcher.

LESLIE. – Pauvre vieil Henry, avec ta tête rasée.

HENRY. – C'est que, dès que le soir tombe, j'entends la musique dans ma tête, je sens l'odeur du whisky, je vois les colonnes de filles qui vont dans tous les sens, qui se croisent, qui se font des sourires, qui ont leur odeur de fille et la peau qu'on a dans les boîtes, où la lumière est rouge, orange ou bleue. Tu as déjà vu la peau des filles dans la lumière orange ? Cela peut être n'importe quelle idiote, que, dans la rue, on ne regarderait même pas, le genre de fille qui fume, qui se ronge les ongles, qui a les cheveux sales, et plein de défauts partout ; mais, là, il n'y a plus de défaut ; si elle se ronge les ongles, c'est joli à voir, et on voudrait qu'elle le fasse toujours, et qu'elle fume encore, on ne voit plus que sa peau orange et son sourire ; et, avec la musique par-dessus, tu te dis : c'est comme on pourrait le rêver, je voudrais bien terminer ma vie dans une boîte où sont les filles, et qu'il ne se passe rien du tout ; il me suffit de les voir passer en colonnes, avec leurs sourires et la lumière orange, leur odeur avec mon verre de whisky, et la musique par-dessus tout qui fait qu'on ne veut plus bouger. Mais quand on t'a vidé parce que tu ne veux pas payer – tu sais le prix qu'on paierait, dans les boîtes ? Si encore c'était aux filles qu'on le payait, c'est elles qui font tout ; mais c'est à ceux qui ne font rien qu'il faut payer, et moi, je ne paie pas – quand on me vide à la fin, je me dis : plus jamais je n'y retourne, quelle connerie, demander ce prix-là pour des conneries pareilles, il ne se passe rien sauf les filles ; et je me dis qu'on ne m'y reprendra plus, rien à foutre de leur musique et de l'odeur du whisky ; demain, le soir, je rentre direct chez moi, et c'est bien terminé, je n'aurais qu'à me souvenir qu'on m'a vidé. Mais, dès que le soir tombe, tout revient petit à petit ; je me dis encore : rien à foutre de leur musique et des colonnes de filles qui, sans lumière rouge, orange ou bleue, sont sans doute des idiotes ; mais, quand il fait de nouveau nuit, je n'y ai rien pu, me voilà dans les parages, je tourne autour des boîtes, je regarde les portes qui s'ouvrent, je respire l'odeur qui en sort. Quel con, je me dis, qu'est-ce que tu en as à foutre ? Mais je tourne toujours autour des boîtes, je regarde les videurs à la porte, je cherche celui qui ne me connaît pas ou ne me reconnaîtra pas ; je mets un chapeau pour le crâne, et m'y voilà de nouveau, je n'ai jamais pu rentrer direct chez moi.

LESLIE. – Pauvre vieille tête rasée.

Silence.

HENRY. – Si je tombais du pont, est-ce que tu me recouvrirais tout de suite ?

LESLIE. – Et pourquoi tu tomberais du pont ?

HENRY. – Est-ce que tu me recouvrirais ?

LESLIE. – Plutôt, oui ; cela ne doit pas être beau à voir.

Silence.

HENRY. – Tu sais comment je suis là ?

LESLIE. – Tu as monté les marches et tu t'es assis sur le rebord.

HENRY. – Non. Tu sais comment ma mère m'a raconté que ça s'est passé, comment elle m'a fait ?

LESLIE. – Je devine.

HENRY. – Non ; pas vraiment comment ça s'est passé. Tu veux entendre ce qu'elle m'a dit ?

LESLIE. – Peut-être.

HENRY. – « Un soir, j'étais restée au bal, plus longtemps que d'habitude. Les métros ne marchaient plus jusqu'au matin, le taxi aurait coûté une fortune, qu'est-ce que j'allais faire, seule à New York, jusqu'au matin ? » Tu vois ma mère, à New York seule toute la nuit, sans l'argent pour un taxi ? « Alors, un copain m'a dit : viens chez moi, il y a deux lits ; depuis le temps qu'on se connaît. Je lui ai dit O.K. ; et, arrivés chez lui, il y avait deux lits ; il s'est couché dans l'un, moi dans l'autre ; merci, mon vieux ; pas de quoi, tu te voyais jusqu'au matin, à attendre les métros ?, et bonne nuit ; bonne nuit. » (*Temps.*) Jusque-là, rien ne s'est passé, tu comprends, et moi, je ne suis pas là. Mais elle m'a raconté encore. « Au milieu de la nuit, il a dit : tu dors ? J'ai dit : un peu ; il a dit : tu n'as pas froid ? j'ai dit : pas vraiment ; alors, il a dit : moi j'ai très froid, très froid. »

Silence.

LESLIE. – Oui ?
HENRY. – C'est tout.

Silence.

Henry se lève, regarde Leslie, se penche, prend son élan, et se jette du pont.

Le corps d'Henry tombe, avec un bruit sec, et se disloque sur la route. Les voitures s'arrêtent, klaxonnent, font des appels de phares.

Le petit linge blanc que triturait Henry plane un instant dans l'air, et se pose doucement sur le sol.

Leslie regarde de tous côtés, hésite, ramasse le mor-

ceau de tissu, et rapidement, furtivement, en couvre le visage d'Henry. Les voitures klaxonnent de plus en plus. Leslie s'enfuit.

Un grand vol d'oiseaux apparaît alors au-dessus du pont, avec un bruit sec et précis comme des mitraillettes, et longtemps on entend le claquement froid de leurs ailes.

IX

Le grand salon, aux rideaux tirés.

Leslie est allongé, un oreiller sur la tête. Ma et Al sont à leurs places habituelles. Anna est assise, appuyée contre le canapé où repose Leslie.

Rien ne bouge, personne ne parle, tout le monde a les yeux mi-clos. Seule Anna chantonne. Puis cesse de chantonner.

ANNA. – Tu veux un mouchoir, Ma ? (*Temps.*) Cette maison est pleine de gens qui n'arrêtent pas de pleurer ; il y a toujours une histoire pour vous faire gémir ; et, entre deux histoires, on fait le pont, un pont de larmes et de plaintes, où l'on ne sait pas trop pourquoi on pleure. (*Temps.*) Tu n'arrêteras jamais de pleurer, Ma ? (*Temps. Bas, à Leslie* :) Accroche-toi à moi, Leslie : moi, je ne pleure pas. J'attends de voir, je ne fais rien à l'avance, j'économise pour quand cela sera absolument nécessaire. Regarde Ma : pas d'économie, pas de temps perdu, tu as tout à l'avance ; elle a son air de drame qu'une fois pour toutes elle s'est mis sur la figure, et maintenant il y reste. Quand donc l'a-t-elle pris pour la première fois ? Vieille histoire, sans doute plus vieille que nous ; je ne l'ai jamais connue autrement, il me semble. En tout cas, elle est toujours prête, c'est commode ; plus même besoin de mouchoir ; à force de le porter par tous les temps, sur le visage, son air de drame est devenu sec. Accroche-toi bien, Leslie : les larmes qu'on verse sur toi sont sèches, ce sont des larmes de l'esprit, abstraites, métaphoriques. D'ailleurs, tout ici n'est-il pas abstrait, métaphorique, spirituel ? Où donc y a-t-il encore des cœurs qui battent, du sang qui coule ? Où y a-t-il des yeux qui brillent ? Je suis dans une maison où les hommes sont couchés, et où les femmes, le regard voilé, regardent par la fenêtre l'impasse, déserte comme un cimetière. (*Se penchant davantage sur Leslie* :) Lorsque j'étais petite, j'avais un compagnon, invisible, à mes côtés ; je fermais doucement la porte derrière moi pour le laisser passer, je couchais au bord du lit pour lui laisser la place ; souvent il me parlait en se penchant sur moi. D'abord c'était un animal, au corps chaud et la tête recouverte de longs poils. Je lui disais : « Petit animal mon ami, prends-moi sur ton dos, emporte-moi loin, pour toujours ; conduis-moi dans ces pays lointains où les nègres font des feux et dansent toute la nuit, où les yeux bridés cachent plein de mystères ; emporte-moi là-bas sur ton dos, je veux être leur reine. » Et lui me répondait, tout bas, penché sur moi : « Oui, je t'y amènerai, patience, petite amie. » Lorsque j'étais plus grande, c'est devenu un étranger, botté, aux cheveux longs, la chemise entrouverte, et je posais en secret ma tête sur sa poitrine : « Bel étranger, prends-moi, lui disais-je tout bas, tire-moi par la main, entraîne-moi hors d'ici, dans ces rues éloignées de New York la nuit, dans les quartiers interdits, au cœur de Manhattan que je veux découvrir et dont je veux être reine ; je veux descendre dans la rue, traverser les carrefours, franchir tous les ponts, découvrir chaque bar, pénétrer les sous-sols, parcourir avec toi la Quarante-deuxième rue, la Cinquième avenue, et leur crier à tous : délivrez-moi des miens ; ils se perdent dans les étoiles, là-bas, au fond de l'impasse. » Et toujours il se penchait sur moi, et murmurait tout bas : « Oui, je te délivrerai, patience, ma belle amie. (*Plus penchée encore sur Leslie* :) Les femmes rêvent de fuir et les hommes le font. Vive la guerre, Leslie. Tu reviendras hâlé, sombre, et l'allure guerrière comme les femmes vous aiment ; tu reviendras fort, plein de gestes assurés, plein de cette science mâle que les femmes admirent. Tandis que moi, plus voilée que jamais, je poserai mon front tout contre la fenêtre, et je regarderai l'impasse déserte comme un cimetière. Vive la guerre ; que tous les hommes de toute l'Amérique se retrouvent au Vietnam, qu'ils traficotent leurs histoires d'hommes, qu'ils règlent entre eux leurs histoires d'hommes, qu'il s'y retrouvent comme au collège, qu'ils achèvent là-bas les matchs de football qu'ils ont commencés au collège sans nous. Moi, je me lave les mains du traficotage des hommes entre eux. Quand New York sera vide du dernier mâle, qu'ils seront tous à régler leurs comptes les pieds dans les rizières, alors je me dirai : c'est tant mieux, on voit clair. Tout est si misérable. (*Elle se lève, marche de long en large.*) Va, Leslie, obéis, va rejoindre les hommes, va rejoindre le front ; mets-toi vite à l'école de la brutalité, de la bêtise, de l'aveuglement auxquels par miracle tu avais échappé ; au premier coup de sifflet, empresse-toi de dire : je suis prêt, pour remonter d'un coup des siècles d'intelligence, pour oublier d'un coup ton passé, ton avenir, tes origines, tout. Au premier coup de sifflet, Leslie se met debout, saute les barrières, court comme un forcené, se met au garde-à-vous, est prêt pour obéir. (*Temps.*) De quoi disposerais-je, moi, pour te retenir ? S'il pouvait demeurer, caché quelque part au fond de l'Amérique, un seul être lucide, un seul esprit qui fût indiscutable, je courrais le chercher et l'appeler à l'aide. Mais il n'y a plus, dans toute l'Amérique, d'esprit indiscutable, et quelle trace reste-t-il, ici, d'un peu de lucidité ? Je ne vois qu'une vieille femme et ses larmes mécaniques, et cet homme, là-bas, qui a le sourire des vieux. (*Temps.*) Si seulement cet être existait encore, où qu'il soit aujourd'hui, moi, je le trouverais, et je le forcerais à revenir parmi nous. Mais je crois que la dernière intelligence s'est depuis longtemps fait sauter la tête à coup de revolver. (*Temps.*) Alors, désormais, au premier coup de sifflet on tombe, on se ramasse par terre, on se précipite, on obéit ; on se fait sa petite place entre la multitude qui n'a jamais quitté le sol, et on suit, on suit, aveugles comme les autres, mêlés et perdus entre tous, voyous, bandits, analphabètes, impotents, ouvriers ignorants, paysans dégénérés, gueulards et imbéciles qui font toute une armée ; au premier coup de sifflet on retourne tout droit à la barbarie. Tout le monde est tellement, tellement misérable. (*Elle va à la fenêtre.*) Depuis le temps que, par la fenêtre, je les vois tous, à peine cachés, qui passent leur temps à ricaner et à nous guetter : l'œil du garçon d'ascenseur qui ricane et nous guette, l'œil du chauffeur de taxi, l'œil du flic, du boucher, du livreur, du plombier, tous ces gens qui nous guettent, complices entre eux. Et au coup de sifflet, nous voilà complices à notre tour. Tout le monde, ici, est tellement complice. (*Elle soulève le rideau. Calmement* :) Il y a une petite fille, tout en bas, qui joue avec un chien. Le chien tourne tout autour ; voilà qu'elle s'est cachée derrière un réverbère. (*Anna se met à chanter, dans une langue étrangère, qui semble réveiller Leslie légèrement. Puis, après un temps* :) J'aimerais être une petite fille, cachée derrière un réverbère. (*Elle reprend quelques instants son chant.*) Le chien l'a découverte, il saute, il saute, s'agrippe à sa petite robe, elle s'enfuit en riant. Comme il court. (*Silence. Brusquement, elle s'approche de Leslie, et se laisse tomber à ses pieds.*) Leslie, mon Leslie, ne pars pas, ne me laisse pas seule, ne m'abandonne pas. Sans toi, Leslie, je n'oserai plus sortir dans la rue, je n'oserai plus ouvrir la fenêtre ; sans toi je ferme les yeux et je ne bouge plus. (*Temps.*) Mon petit amour, quand on était petits, que la lumière était éteinte, et que tout le monde dormait, nous deux, nous allions en glissant tout au fond de notre lit on se faisait un refuge secret et, loin de tout, on se parlait un langage à nous. J'irai dans la campagne, je cueillerai des fleurs et, avec les pétales, je te ferai un masque plus trompeur que la peau ; je nous habillerai de grandes capes qui nous cachent, et puis on partira, loin de tout, dans un lieu qui ressemble à un refuge secret au fond d'un grand lit. Leslie, mon Leslie, tu es la seule raison qui fait que je suis là. Si tu pars, tu m'ôtes tout, tout projet, tout souvenir, toute raison de me bouger, de me lever, de m'habiller, et jusqu'au souvenir des gestes à faire ; si tu pars, tu me laisses plus affreusement morte que si je l'étais vraiment. Tu es tout ce que je sais, tu es tous les mots que je peux dire, tu es mon sommeil, tu es mes journées entières, tu es ma raison, Leslie, mon Leslie, sans toi, je suis perdue.

Anna prend la main de Leslie, la couvre de baisers, tout en parlant un langage secret que Leslie semble comprendre.

Brusquement, Leslie s'est levé. Son visage, où aucune intention ne se devine, lisse et froid comme celui d'un mort, s'est tourné vers le fauteuil où Al, vaguement souriant, plane dans de vagues pensées. Lentement, il s'en est approché.

Ma a un petit gémissement, se cache le visage dans les mains, regarde à travers ses doigts. Anna s'assied sur le rebord de la fenêtre, d'un air intéressé.

Leslie prend Al par le col de sa veste – Al, toujours légèrement égaré – ; il le soulève du fauteuil, et le garde un instant suspendu dans le vide. Al alors semble s'en apercevoir, regarde Leslie, lui adresse un grand sourire avec un hochement de tête.

Leslie le lâche, lui envoie un coup de poing en pleine figure, qui imprime sur le sourire d'Al un grand trait rouge. En tournoyant doucement sur lui-même, en cercles de plus en plus rapides, Al se tasse, tombe au fond du fauteuil, et y disparaît tout à fait.

Ma saisit Anna par la main, et la traîne dehors.

Le souffle court, battant le vide de ses mains, Leslie s'est mis à tourner dans la pièce. D'un coup sec, il a arraché les fils du téléphone ; au passage, il a renversé les bibelots de la commode ; il s'est pendu aux rideaux jusqu'à ce que les tringles cèdent et que tout tombe sur le sol avec beaucoup de fracas et beaucoup de pous-

sière. Et puis il a tourné encore, avec des battements de bras et un bruit de respiration comme ceux d'un coureur en fin de course. Tout à coup il s'est précipité, sur les fenêtres – de grandes baies donnant sur la nuit bâillonnée, aveugle, de New York, et, de ses poings serrés, a brisé un à un tous les carreaux. Les vitres ont dévalé le long du mur, et se sont écrasées, loin en bas, sur la rue ; un vent violent et rempli de bruits a pénétré la maison.

Alors, accroché à la fenêtre, son visage tourné vers le ciel, Leslie s'est mis à hurler, comme un chien, à la mort. Leslie se retourne, regarde ses poings, gémit, descend en titubant de la fenêtre. Il s'allonge sur le tapis, se recroqueville. Avec de petits soubresauts, haletant, il lèche doucement le sang qui coule de ses mains.

Et voilà qu'une autre main, inattendue, est apparue, surgie du fond du fauteuil ; elle a un moment tâtonné dans l'air, grimpé le long des accoudoirs, s'est agrippée au rebord, monté et tâtonné encore. Un bras s'est tendu hors du fauteuil, a cherché à droite, à gauche, et atteint le corps étendu de Leslie. Il a remonté le long du corps jusqu'aux épaules, suivi le bras jusqu'à la main. La main d'Al, surgie du fauteuil, se glisse dans la main de Leslie et la tient serrée.

AL (*ronronnant*). – Chut, pauvre petit ; c'est bien ; il faut rester tranquille ; chut, petit, petit, tranquille ; il ne faut plus bouger, et c'est bien comme cela. (*Comme une berceuse* :) Est-ce que c'était bien, de se fâcher de cette manière-là ? Est-ce qu'on a été gentil, de donner tant de travail à Ma, pauvre Ma, qui devra tout réparer ? Est-ce que c'est chic, de briser les vitres par un soir de grand vent, et que tout le calme et la tiédeur du salon s'éparpillent dans les rues ? Oh non, ce n'est pas chic, et Leslie le sait bien – pauvre petit Leslie qui regrette maintenant sa grosse fâcherie, et qui ne bouge plus. (*Chaleureux* :) Mais qu'importe que les vitres soient brisées, et que tout ce vent et le fouillis des rues entre maintenant comme il veut par la fenêtre ; qu'importe l'épouvantable désordre de cette petite colère ; tout le monde n'a-t-il pas droit à sa petite colère ? Si, tout le monde a sa petite colère un jour, et Ma, pauvre Ma, qui sait, se taira ; elle appellera le vitrier, raccrochera sans un mot les rideaux, fera rebrancher sans un soupir le téléphone. Et bientôt tous les quatre, sous la lampe, assis autour de la table, eh bien, nous recollerons les bibelots, réparerons les vases ; et, entre deux coups de colle, est-ce qu'on ne se jettera pas un petit regard, sans un mot, mais un regard qui dit : qu'ils sont beaux, ces petits, et qu'on est bien ensemble ? Si, bien sûr, et sous la table, je chercherai la main de Ma : qu'ils étaient beaux, n'est-ce pas, dans leurs petites colères. Qu'importe, pour nous autres, l'humeur et les gâchis : tous les quatre nous cheminons de soirs passés autour de la table à d'autres soirs autour de la table, sous la lampe qui éclaire nos regards entre nous, avec nos mains qui se cherchent par en dessous : que c'est beau, n'est-ce pas, ces mains qui se croisent secrètement dans le secret du dessous de la table, tandis que rien ne paraît sous la lumière. (*Temps.*) Qui est-il, ce pauvre Leslie, sinon un petit chiot colérique, qui, un jour, brisa les vitres du salon, et puis toute la nuit s'est léché quelques gouttes de sang en regardant sa main ? (*Froid, songeur* :) Comme ils sont bizarres, et pâles, et nerveux, ces enfants. (*Ex cathedra* :) Mais enfin, tout le monde se permettrait-il quand il veut sa petite colère ? Non, tout le monde ne se le permettrait pas, ce ne serait pas chic, et puis, il ne ferait jamais chaud ni tranquille, ici. Est-ce qu'il ne faut pas se retenir, lorsque l'envie vous vient ? Si, il le faut, ou alors, quel massacre : tout le monde passerait des crises de colère aux crises d'abattement sur le tapis du salon, tout le monde voguerait entre les larmes et les éclats de rire, et du rire aux larmes ; et quel moyen de vivre, quand rien n'est retenu ? Heureusement qu'à la première colère cela cogne assez dur, mais qu'après, dieu merci, le poing s'affaiblit. (*Tendre* :) Pauvre poing de Leslie, pauvre petite patte qui connaîtra maintenant chaque changement de temps, qu'une petite douleur travaillera désormais dès que la pluie menacera, dès que la neige remplacera la pluie, dès que quelque chose se préparera à changer dans le ciel de New York. Moi-même, de vagues douleurs ne m'avertissent-elles pas des changements du temps, partout dans tout le corps ? Et cela me rappelle de vieilles petites colères à moi, si anciennes cependant que, sans les vagues douleurs, je ne m'en souviendrais plus. (*Froid, songeur* :) Je trouve bizarre pourtant que nous ayons accouché, pendant des temps de paix et de reconstitution des formes, d'enfants si pâles, si nerveux, si peu préparés à ce qui leur vient. (*Solennel* :) Si l'on veut être chic, si l'on ne veut pas mourir de froid, si l'on ne veut pas que chacune de nos maisons ait les vitres brisées et que le vent y pénètre, que New York devienne ce terrible amas de ruines, où chaque enfant de chaque famille aura arraché les rideaux aux fenêtres, arraché les fils du téléphone, détruit les beaux objets – mais qui diable veut donc que New York soit cet enfer de froid et de vent qui s'engouffre d'une fenêtre à l'autre, cet enfer sans téléphone, chaque maison coupée l'une de l'autre, chaque quartier étranger l'un à l'autre, et New York tout entier coupé du reste du monde ? Personne ne voudrait d'un New York de mort –, alors il faut se retenir : plus de colère, plus d'abattement, plus de larmes, plus de rire ; mais trouver ce qui convient entre l'un et l'autre, toute une série de mines, de regards, de sourires – le sourcil froncé, le front soucieux, le regard profond, le regard entendu, le sourire épanoui, le demi-sourire –, cette multitude d'airs et de mines dont l'exploration occupe la vie entière et permet de la traverser, et que les portes restent closes, les vitres hermétiques, les rideaux tendus, le téléphone branché, et nos pauvres cœurs, à nous autres, bien au chaud. (*Froid, songeur* :) Bien sûr qu'on les a faits d'une manière bizarre ; peut-être qu'on n'aurait pas dû les faire du tout, sans doute cela aurait-il été mieux ; mais le moyen de se priver du plaisir possible, après les souffrances obligatoires ? (*Temps.*) Maintenant, rien ne nous différenciera plus, pauvre Leslie de moi et moi de pauvre Leslie, si ce n'est nos douleurs à tous deux plus ou moins vagues, plus ou moins anciennes, qui nous avertiront tous deux que le ciel de New-York s'apprête à changer de couleur. (*Songeur* :) Ou alors, s'ils persistent, il reste que ces enfants bizarres tomberont, tomberont, sans que nous n'y puissions rien. Et, lorsqu'ils auront fait une niche de la ville que nous leur avons construite, qu'ils auront réduit le langage que nous leur avons transmis en des aboiements et des gémissements, alors, d'enfants épargnés, heureux, ils se seront faits eux-mêmes chiens abandonnés qui hurlent à la mort. (*Souriant, regardant autour de lui* :) Quant à moi, j'aime New York tel qu'elle est aujourd'hui, et je m'y trouve bien ; j'aime notre salon quand tout y est en ordre, j'aime le lustre, j'aime la commode, j'aime mon fauteuil, j'aime Ma, j'aime ce whisky que je bois, et, même, je ne me déteste pas. (*Grattant le crâne de Leslie* :) Et cet enfant couché, je l'aime bien, pauvre petit. Couché, couché, il faut rester tranquille jusqu'à l'heure du départ. (*Lui caressant une dernière fois la tête, lui serrant une dernière fois la main, Al se replonge dans son fauteuil. Avec son grand sourire, il emplit un verre de whisky, le tend à Leslie qui le boit d'un trait. Puis il se sert à lui-même un verre, et ouvre la radio. Disparaît dans le fauteuil, et sa main fait adieu.*) Qu'il tâche de nous revenir, cet enfant, le plus entier possible. C'est ce que je souhaite vraiment.

Haletant, sans cesser de se lécher le sang qui coule de ses poings – accompagné des bruits du poste de radio, chauds et qui font frémir –, Leslie se sent bien-

tôt transporté ; il traverse, inquiet et gémissant, l'épaisseur de ses inerties et de ses rêveries, et se retrouve sur un champ de bataille.

X

Au milieu d'un champ de bataille exotique où traînent des cadavres et qui fume encore de la poussière soulevée par les bombes, le Rouquin, en sous-vêtement, est assis en tailleur, un poste de radio collé à son oreille. Ses mains sont entourées de pansements. Dans sa main gauche, il a une boîte de bière qu'il porte à sa bouche de temps en temps. A côté de lui, une montagne de boîtes vides. Il est tout absorbé par l'écoute du poste, qu'il ponctue à tout moment par un juron, un rire, ou un coup de poing dans les boîtes de bière.

ROUQUIN. – Putain de chaleur. Tiens, toi, mets cela. (*Il pousse vers Leslie un uniforme militaire posé en tas près de lui. Leslie essaie de toucher la main bandée.*) Et ça, tu ne touches pas ; qu'est-ce que ça peut te foutre ? Plein de gens ont des bandes plein les mains, les jambes, la tête, qu'est-ce que tu as besoin de t'occuper des miennes ? Tu ferais mieux de mettre cela. (*Il sort un pistolet de derrière son dos, en menace Leslie.*) Enfile ça, nom de dieu, dépêche, ou je te descends. Où il se croit, celui-là ? Remue-toi, nom de Dieu. (*Il lance une boîte vide à la tête de Leslie, qui finit par enfiler l'uniforme.*) Plus vite ; pas de travers, la veste ; et les décorations, bordel : droites, ou je te descends. (*Leslie ajuste les décorations.*) Il fait trop chaud et j'aime pas les colères, alors ne me force pas. Tu ferais mieux de faire tout de suite ce que je te dis. (*Il lance la boîte de bière par-dessus son épaule, et en ouvre une autre.*) Si seulement cette saloperie de bière me faisait planer un peu, eh bien, je m'allongerais là et je me sentirais bien. (*Leslie tente à nouveau de toucher les mains du Rouquin.*) J'ai dit : pas touche. Tu veux vraiment que je me mette en colère, avec cette chaleur ? De toute façon, je ne te montre pas, il n'y a rien en dessous qui puisse t'intéresser, pas de sang ni rien ; si j'ai ça sur les mains, c'est pour une affaire qui n'intéresse personne. Et toi, reste tranquille, arrête de m'emmerder, tu vois bien que j'essaie d'entendre cette radio ; et si tu bouges encore, moi, je te descends. (*Il ressort le pistolet.*) Tu restes là, tu gardes l'uniforme jusqu'à ce que je te le dise. Tu suivras l'ordre normal, bon dieu, comme tout le monde. Il faut de la patience, tu n'en as jamais eu ; faut monter les échelons. Tu crois que tout arrive tout seul, qu'on est au bout avant de commencer, qu'il ne faudrait pas une putain de patience, tout sans ordre, sans effort, comme si de rien n'était ? Tu aurais, pauvre con, autant de dons que moi, tu serais intelligent comme ce n'est pas possible, qu'est-ce que cela pourrait foutre, si tu n'as pas de persévérance ? (*Avec un certain sourire* :) Tu vas commencer, comme tout le monde, avec l'uniforme complet. Pas le droit d'y toucher, pour l'instant, je te préviens ; et maintenant, tu as un sacré intérêt à ne jamais te laisser aller à ta sacrée paresse, la saloperie de paresse qui te ferait rester pour toujours là où tu en es. Mais si tu es bien, que tu as un peu de patience, nom de Dieu, alors, dans quelque temps, tu auras le droit d'enlever les décorations ; juste les décorations. Et puis plus tard, mais seulement bien plus tard, la veste ; et, encore plus tard, cette saloperie de ceinturon, si tu as été au poil. Et puis après, vraiment bien après, – après des tas de batailles, toute une série de raids, d'opérations nocturnes, quand tu connaîtras toutes les ficelles des guets-apens, des embuscades, après des tonnes d'engagements, de culs-de-sac, et des gros tas d'Indochinois troués, alors seulement, tu as le droit d'enlever le pantalon. Pas avant, nom de Dieu, pour qui tu te prends ? Au premier pas ici, tu te crois un ancien combattant ? Combattant de merde, pas une réplique, bon Dieu, ne me mets pas en colère. (*Il lui lance quelques boîtes vides à la figure.*) J'ai fait la Corée avant toi le Vietnam, je sais bien de quoi je parle, je sais quand même mieux que toi ce qu'il y a à faire. Alors, toi, pas un mot, je peux quand même essayer d'écouter cette saloperie de poste, déjà que je n'entends presque rien. (*Il ouvre une boîte de bière avec les dents, colle son poste de radio plus près de son oreille, s'éponge le front de sa main bandée.*) S'il n'y avait pas cette saloperie de transpiration qui m'oblige tout le temps à boire de la bière et me sécher la tête, je m'allongerais là et je dormirais tranquille. (*Malicieux, montrant et retirant ses mains* :) Ce qu'il y a là-dessous, tu voudrais bien le savoir, hein, paresseux de merde ? Tu veux que je te le dise, peut-être bien. Ne te fais pas d'illusion, c'est pas ce que tu crois, pas de sang ni rien ; et d'abord, jamais tu ne sauras rien de moi, rien, rien, rien. (*Temps.*) Ce sont des cicatrices. Tu ne me crois pas, pauvre con ; t'as raison, c'est normal, t'es rien qu'un pauvre con. Pourtant, je te le dis, c'est ça et rien d'autre. Il y a, comme cela, des types qui me refilent des tas de cicatrices rien que quand je les touche. D'abord on ne devrait jamais toucher quelqu'un sans être sûr que cela ne laissera pas de marque ; sauf qu'on ne touche pas qui on veut, nom de Dieu, avec la saloperie de monde qu'il y a partout ; il faudrait toujours garder ses mains dans les poches, ou mettre des pansements autour. Tu voulais le savoir, hein, et maintenant, tu ne crois pas. Tu es un pauvre con. (*Temps.*) Le pauvre con a soif ? (*Il ouvre une boîte avec ses dents, la tend à Leslie.*) Vas-y, vas-y, ne te gêne surtout pas, il y en a des tonnes, de leur saloperie de bière. Bois-en tant que tu peux, de toute façon elle ne sert à rien, tout juste à te refroidir un peu quand t'en as bu beaucoup. Saloperie de bière, tu peux en boire des tonnes, pas possible de planer. Tu arrives à planer, toi, avec de la bière ? Moi, rien à faire, tous les noms de Dieu de litres que je m'enfile depuis le début, et pas de décrochage. Tout juste si cela me rend froid dedans. Je suis tout refroidi, quoi, le type froid et tranquille ; mais seulement dedans ; pour le reste, il y a toujours cette putain de chaleur qui vous ferait crever. Alors, qu'est-ce que j'en ai à foutre, moi, d'être froid et tranquille ? Essaie toujours de décrocher, avec leur saloperie de bière de merde. (*Se penchant vers Leslie, avec un certain sourire* :) Ne t'en fais pas, chéri, tu en auras ta dose. On te donne tout ce que tu veux dans le genre cicatrice, ici : depuis l'estomac troué jusqu'au cul hors d'usage, et puis leurs maladies, dysentrie, amibiase, typhoïde, choléra, paludisme, fièvre jaune, maladies à secrets, surprises coloniales ; et puis plein d'autres choses : tu vois le soleil qui se lève en plein milieu de la nuit, ou des serpents dans ton frigidaire avec un drapeau rouge, des avions qui te suivent et ne te lâcheront pas ; et la tête des gens, et comment ils te regarderont, quand plus tard, au retour, tu les réveilleras pour leur dire, en plein milieu de la nuit : un avion jaune taché de sang tourne dans le soleil au-dessus de New York. (*Temps.*) Mais ce qu'il y a de mieux, et qui fait rigoler, c'est cette histoire de perversion. Tu sais ce que c'est, la perversion ? Non, tu ne sais rien, mais moi je sais, et cela me fait rigoler. Par exemple, les affaires de cul, elles ne sont plus du tout pareilles après la guerre qu'avant, c'est complètement changé, même si personne n'y voit rien, et ça c'est le mieux, c'est ce qui donne encore plus de perversion à tout, que personne ne voie rien. Et, pour ça, t'auras pas à te fatiguer, cela te vient en une nuit, rien qu'avec le train qui vous amène à Washington, et puis l'avion qui vous amène en Corée, et le con d'officier qui vous amène sur le terrain des opérations, tout d'un coup, en une nuit, tout devient complètement pervers, et tu rigoleras bien. En une nuit, tu verras, et sans que tu sentes rien et que personne ne voit rien, tout ce que tu toucheras, tout ce que tu regarderas, tout ce que tu penseras, et même les pensées les plus éloignées au fond de ta tête, seront transformées – comme je peux pas te l'expliquer, comme si t'étais devenu sorcier – par cette putain de perversion qui me fait bien rigoler. Mais maintenant, la Corée, c'est fini, et je m'emmerde à mort, et je crève de chaleur, et c'est toi maintenant qui vas bien rigoler. (*Il sort le pistolet, le démonte.*) Il reste ça, que je garde pour pouvoir jouer. Mais, depuis le temps, c'est sûr que même cette saloperie de flingue commence à m'emmerder à mort. Démonter, remonter, je le connais par cœur. Tu veux que je te montre, combattant de merde ? Regarde comme je fais. (*Il achève de le démonter, le remonte.*) Et ne me parle pas, bon Dieu, tu vois bien que je suis occupé. D'ailleurs, je n'ai rien à foutre de tes histoires bourgeoises ; ici, il n'y a rien à dire, tu fais comme les autres, ne compte pas que tes histoires de merde intéresseront quelqu'un. Tous ces putains de bourgeois croient pouvoir bénéficier ici de leur bourgeoisie de merde ; mais ils n'ont pas de bénéfice à attendre, il y a longtemps que je le sais, et tu pourras penser comme tu veux, être instruit tout ce que tu peux, et être du milieu le plus bourgeois, le plus privilégié et le plus malin que tu veux, tu te crois supérieur, mais tu n'es rien qu'une sale ordure de bourgeois, et tu sais la seule supériorité qui te reste ? La seule que tu peux garder ? Eh bien, c'est simplement qu'en faisant comme tout le monde ce que tout le monde fait (*il se frappe la tête*) là-dedans, si on veut, si on est suffisamment fort et que jamais, tu entends bien, jamais on n'a cédé à la paresse, alors, légèrement, discrètement, sans que personne ne le remarque, là-dedans, on peut faire déraper, on peut faire que légèrement les pensées glissent à côté. Voilà notre supériorité, chéri, la seule qu'on a ; la supériorité des gens instruits sur les ignares, c'est un pouvoir de dérapage. Qu'est-ce que t'en dis ? Et moi, il y a longtemps que je le sais. C'est comme dans un salon où il y a plein de monde, et où, sans bouger la tête, en continuant à boire le thé et à faire la conversation, on écoute vaguement les bruits qu'il y a dans la cour. C'est tout, voilà le bénéfice. (*Temps.*) Et maintenant ta gueule, je n'ai plus rien à dire, tes histoires de merde ne m'intéressent pas. (*Il a terminé de remonter le pistolet.*) T'as vu ? Tu saurais le faire ? (*Il tend le pistolet à Leslie ; Leslie le saisit ; le Rouquin ne le lâche pas.*) Tu ne crèves pas de chaud, toi ? C'est bien ça le pire, tu ne trouves pas ? Moi, je pourrais m'allonger, là, maintenant ; tu t'allongerais à côté de moi ; on discuterait un peu encore pour ne rien dire, on jouerait un peu avec le flingue quand on en aurait marre de discuter, et on pourrait se laisser mourir de chaud. (*Leslie s'allonge, regarde le ciel.*) Même avec un con comme toi, maintenant, je serais prêt à jouer et à discuter. C'est à n'y rien comprendre, pourtant, tu es aussi con que les autres. Cela doit être à cause de cette putain de chaleur. (*La lune se découvre.*) Quand même, tout cela finira bien par t'emmerder à mort, autant que moi. (*Il jette le pistolet vers Leslie.*) Et il fait tellement chaud qu'il y aurait de quoi crever. Tu ne crois pas que je serais capable de crever, rien qu'à cause de cette putain de chaleur ? (*Il vacille légèrement.*) Leslie, Leslie ; tu veux que je te dise ? (*Il penche dangereusement.*) Et puis non, t'es trop con. (*Il tombe, la tête en avant.*)

Bruits de guerre, au loin.
Leslie tend l'oreille, se lève, se prépare pour la bataille.

XI

Il pleut dans le cimetière.
Une ombre avance parmi les tombes.

On dirait Carole, avec sa robe noire et le terrible éclat de son rouge à lèvres, qui brille même dans la nuit – un petit cercle presque incandescent qui se déplace furtivement, et approche du mausolée.

Soudain, elle s'arrête, se retourne, regarde ce qui bouge, là-bas, à l'autre bout du plateau.

C'est une ombre qui avance parmi les tombes ; on dirait Carole, avec sa robe noire et le terrible éclat de...

Les deux ombres jumelles se sont vues. Immobiles, elles se détaillent, se regardent longuement.

Un chuchotement, là-bas au fond.

Les deux ombres sursautent, se retournent, se regardent à nouveau. Elles hésitent ; le chuchotement se fait plus précis. Sans se quitter du regard, les deux silhouettes identiques s'abritent derrière deux tombes identiques ; et Ma et Al s'avancent, sans rien voir, entre elles deux.

Soudain, une violente lumière et un cri brisent la nuit. June arrive en courant.

L'éclairage fatal – bleu, intermittent – cherche Carole sous la pluie.

Les deux Carole surgissent de leurs cachettes ; Al et Ma se retournent : tout le monde se voit.

Al prend Ma dans ses bras comme une mariée, et l'entraîne jusqu'au mausolée. Ils pénètrent dans la profondeur noire et disparaissent.

La première ombre avance vers la salle, découvre son visage à la lumière ; c'est Anna, déguisée en Carole, qui sourit et tend ses deux bras comme pour des menottes.

June se précipite sur la vraie Carole restée en retrait, et l'entraîne rapidement hors de la lumière.

ANNA. – Mon nom est Anna, je suis prête, emmenez-moi. Vous pouvez noter mon nom, monsieur, mais je vous en prie : oubliez-le tout de suite après l'avoir noté. Vous avez un mouchoir ? Monsieur, je vous en prie, ne faites pas votre diagnostic sur l'état où vous me voyez, avec le costume que je porte, ni sur l'allure que j'ai ; oh non : allure trompeuse ; ce n'est rien d'autre qu'un genre adopté pour un soir, et un soir seulement. Je me suis dit : va, c'est ton heure, prends bien soin qu'il ne te repousse pas. C'est donc seulement un genre d'emprunt pour qu'il ne me repousse pas. Vous n'auriez pas un mouchoir, en papier même, je m'en contenterais, au point où j'en suis ce soir. En dehors de mon nom, celui que je vous ai dit et que je vous prierai d'oublier aussitôt ; je n'ai rien à dire d'autre ; je ne vois vraiment pas. Profession ? Rien, non, rien : pas d'occupation, de profession encore moins. C'est le privilège, n'est-ce pas, d'une jeune fille de famille. Je ne faisais rien de toutes mes journées que tâcher de m'élever au-dessus de l'ordinaire, tenter de me détacher des lumières vulgaires pour apercevoir les lumières essentielles ; profession : cherche à apercevoir la lumière essentielle ; je conçois que cela n'a l'air de rien ; mais n'est-ce pas le privilège d'une jeune fille de famille que de n'avoir l'air de rien ? Tant pis pour le mouchoir, monsieur, je me débrouillerai bien. (*Elle essuie son maquillage avec son bras.*) Je me suis dit : c'est ton heure, va ; je voulais seulement une toute dernière fois l'embrasser sur le front, lui caresser les cheveux, faire un petit tour de danse, peut-être, s'il avait bien voulu : j'ai senti que c'était mon heure, je suis venue te voir, ne me repousse pas, faisons un tour de danse. Mais voilà que l'autre m'a doublée, une fois de plus ; elle me doublera donc toujours ; qu'a-t-elle donc que je n'ai pas pour doubler tout le monde ? Je me disais : va, et demande-lui : qu'avait-elle que je n'ai pas, cette grosse poule ? (*Elle arrache sa robe.*) Sur les mots non plus, je vous prie, monsieur, ne faites pas votre diagnostic, ce sont aussi des mots d'emprunt ; ce n'est pas réellement ce que je dirais, alors, ne vous hâtez pas, attendez que je me taise. Ce sont mes pauvres nerfs qui me font dire ce que je ne dirais pas, je vais avoir mes nerfs, je le sens ; que voulez-vous, c'est le privilège d'une jeune fille de famille qui n'a l'air de rien et qui n'a rien à foutre que d'avoir ses nerfs de temps en temps, de n'être plus capable de contrôler ses mots, ni ses gestes, ni ses larmes. Vraiment pas de mouchoir, monsieur, avant que les larmes ne viennent ? Non, monsieur, ne comptez pas sur moi pour vous redire mon nom, il fallait le noter ; d'ailleurs, qu'avez-vous donc tellement besoin de le savoir ? Qu'est-il besoin de mon nom pour que l'on me dirige sur un établissement correct ? Est-ce qu'il ne vous suffit pas de savoir que je suis une jeune fille de famille ? J'espère bien que l'on ne va pas me coller dans un de ces hôpitaux où il y a foule et où tous se côtoient ? J'étais, je vous l'ai dit, à la recherche de lumière essentielle ; je mérite donc une clinique. Pour ce qui est du nom, eh bien, imaginez, trouvez une sonorité qui me corresponde bien, un mot inventé, rare et distingué, qui colle à mon vrai genre. Mais ne vous trompez pas, je ne le supporterais pas. S'il vous plaît, un mouchoir, et emmenez-moi vite. (*Temps.*) Moi, je voulais seulement lui dire : j'ai compris, le Rouquin. C'est rien d'autre que nous, la cause de notre fin, rien d'autre ne déconne, tout est bien calculé, tout est en ordre : la radio, l'école, l'armée, le dollar, les ministres, les trusts, les démocrates et les républicains, les Noirs et les Blancs ; l'Amérique est en ordre, bon Dieu ; et je voulais lui dire : t'avais raison, le Rouquin, c'est nous, nom de Dieu, nous autres, pauvres cons, qui déconnons franchement et que c'est notre fin. C'est ce que je voulais lui dire, pour cela que je me suis dit : va, et que cette grosse poule m'a doublée. Maintenant, emportez-moi, monsieur, je me fie à vous ; oh, avec quelle confiance totale je m'abandonne à vous. Tirez-moi d'un côté ou de l'autre, je me laisserai faire. Ramenez-moi à un état d'enfance où je dorme tout le temps, ou rendez-moi bien vieille ; faites la piqûre qu'il faut, donnez-moi les cachets que vous jugerez bons, faites vos traficotages au fin fond de mon cerveau. Mais ne me laissez pas à cet âge imbécile où il convient de se déguiser pour tenter de plaire, et où tout ce qu'il convient de faire me déplaît souverainement. Je m'abandonne à vous. Chez vous est ce territoire auquel j'ai rêvé, neutre, oublié, protégé, et j'en respecterai les règles, toutes les règles, quelles qu'elles soient, je vous le promets, monsieur. Mais ne me laissez pas dans ce monde imbécile à la place imbécile où l'on m'a déposée – ni heureuse, ni tragique, ni pauvre, ni démesurément riche. Vous seuls me tirerez de l'adolescence éternelle et pantouflarde d'une jeune fille rangée dans une Amérique en ordre. Prenez-moi, tirez-moi de là. (*A genoux, le visage transfiguré comme une novice* :) Je vous appelle à moi, médecins, chirurgiens, psychiatres ; à moi les hypnotiques, les analgésiques ; à moi électrochocs, lobotomie. Oh, si vous m'aimez, prenez-moi, monsieur, dans votre clinique, et faites-moi, je vous en prie, une opération chirurgicale.

Anna est emmenée.
La lumière disparaît.
A l'intérieur du mausolée, où la pluie s'égoutte lentement du plafond, sur le cercueil du Rouquin sont posés un chapeau et un tablier.
De l'eau jusqu'aux chevilles, entre le cercueil vide, un grand tas de paquets de cigarettes, un grand tas de bouteilles de whisky, Ma et Al, tendres et précautionneux, dansent sans bruit.

XII

Devant le rideau de scène, entre June, tirant Carole par la main.

CAROLE. – Je veux d'abord savoir qui l'appelait. Qui l'appelait, June, qui a bien pu téléphoner en pleine nuit ?

JUNE. – Je ne sais pas ; personne ; tu me donnes envie de bâiller.

CAROLE. – June. (*Tendant l'oreille* :) Tu n'entends pas quelque chose comme un gémissement ?

JUNE. – Je n'entends rien du tout. J'ai envie de bâiller.

CAROLE. – Maintenant que tu le dis, cela me vient aussi. Attends. (*Elle tend l'oreille.*)

JUNE. – Qu'est-ce qu'il y a encore ?

CAROLE. – Des coups contre une vitre, je crois. (*Elles bâillent toutes deux.*)

CAROLE. – Tu pourrais garder la bouche fermée pour bâiller.

JUNE. – Et pourquoi ?

CAROLE. – C'est plus distingué.

JUNE. – Peut-être ; mais je trouve que ça donne un drôle d'air.

CAROLE. – Et puis, sans raccrocher, il a arrêté de parler ; et tout s'est passé alors. Or moi seule étais là, moi seule ai entendu, moi seule sais la vérité. Que peuvent-ils bien raconter, eux tous, qu'est-ce qu'ils savent ? (*June bâille en maintenant sa bouche fermée.*) C'est vrai que cela te donne un drôle d'air. (*Temps.*) Je te jure que... (*Elle tend l'oreille.*) Comme un gémissement, au loin.

JUNE. – Mais non, il n'y a rien.

CAROLE. – Moi seule étais là. Et comment m'ôter maintenant ce souvenir de la tête ? Jusque dans mon sommeil, j'entends le téléphone et la voix du Rouquin qui répond.

JUNE (*en colère*). – Je ne sais pas comment il a fait pour t'avoir comme cela, quelle bête tu fais, qu'est-ce qu'il a pu te dire ? Je me demande comment quelqu'un peut comme cela faire parler quelqu'un de lui jusque dans son sommeil, il devait te taper dessus ou quelque chose comme cela, il te tapait dessus, dis-moi ; moi, j'en suis sûre.

CAROLE. – Jamais il ne m'aurait tapée, jamais une colère, rien, comme les gens les plus distingués ; et il l'était plus qu'eux encore.

JUNE. – Les rouquins ont toujours des colères, et tapent facilement.

CAROLE. – Pas lui, c'était un rouquin exceptionnel.

JUNE. – Je ne te crois pas ; il n'y a pas de rouquin exceptionnel, il n'y a pas de gens distingués comme cela au point de vous faire parler d'eux pendant leur sommeil. Quand te débarrasseras-tu de cette histoire ?

CAROLE (*recomposant soigneusement le maquillage de ses lèvres*). – Dans ce cas, viens, June, on s'en va, il faut que je change d'air.

JUNE. – Où aller, Carole ?

CAROLE. – Je veux changer d'air. On va à la campagne et on n'en repartira plus. On prendra une petite maison, on s'y installera tranquillement, on ne verra plus personne ; on travaillera dans la maison, tous les volets fermés, à faire de la dentelle, ou des fourneaux de pipe, ou des drapeaux pour les fêtes nationales, ou des paniers en osier, ou des casquettes pour les campagnes électorales, n'importe quoi qui nous change d'air. Je veux quitter New York, June, je veux vivre à la campagne. Viens, on fait nos bagages.

JUNE. – Mais tu sais, toi, où elle est, la campagne ? Si tu prends le métro, et le train, que tu roules des jours et des jours, tu traverses New York, et toujours New York, la banlieue de New York, et la banlieue de la banlieue. Combien de jours avant de trouver la campagne, et combien d'argent à dépenser pour aller jusque là-bas ? Je ne ferai pas mes bagages pour me retrouver en banlieue.

CAROLE. – Mais il y a bien un moment, June, où les maisons s'espacent. Il y a bien des endroits où poussent le blé et le maïs ; il y a bien un endroit où les vaches broutent ; ce n'est pas dans la banlieue que les vaches broutent, et c'est là que je veux aller. Je veux aller là où personne ne me regardera comme ici on me regarde, là où personne ne me trouvera sotte et vulgaire, je veux aller là où les gens ressemblent le plus aux bêtes, silencieux, sans jugements, et sans idées. (*Temps.*) Tu dis : les gens intelligents, je n'en ai rien à faire ; c'est parce que tu es bête, comme moi. Tu dis : les gens qui connaissent les idées, qui connaissent les langues étrangères, qui sont instruits, ne valent pas plus que nous ; c'est parce que tu ne sais rien, et tu crois que tu es capable de n'importe quoi parce que, de toute façon, tu n'essaieras jamais, que tu es June et moi Carole, et qu'il n'est pas question qu'on fasse plus de bruit que ce que l'on peut faire. Les gens instruits seront toujours plus forts que nous et feront plus de bruit, ce n'est pas toi qui pouras quelque chose pour qu'il en soit autrement. Moi, je veux trouver l'endroit où j'oublierai le Rouquin et le pouvoir qu'il avait sur moi ; je veux oublier le pouvoir, sur ceux qui n'ont rien, de ceux qui ont tant qu'ils peuvent mépriser leur richesse. Un jour où nous avons rencontré un ancien professeur du Rouquin, il lui a dit : « Vous auriez pu devenir professeur d'université, ou philosophe, ou un grand écrivain, avec votre talent ; pourquoi du moins n'écrivez-vous pas ? Votre talent et votre intelligence font partie des ressources naturelles de l'Amérique, comme le pétrole ou le charbon ; l'Amérique peut-elle gâcher son pétrole et son charbon parce qu'elle en a beaucoup ? » Et le Rouquin riait. (*Temps.*) Est-ce qu'on a, nous, quelque chose de précieux à gâcher ? Ceux qui ont tout gâchent en riant, et c'est ce rire-là que je veux oublier.

JUNE. – Cette campagne n'existe pas, et tu pourras toujours fermer les volets, le rire de ces gens-là passera à travers les murs.

CAROLE. – Où irais-je, alors ? Où aller, June ?

JUNE (*en colère*). – Rester ici, ne me casse pas les oreilles, quelle histoire tu fais avec ton histoire ; parce que tu en as une, il faudrait que tout le monde en parle et que tous les écrivains l'écrivent comme si c'était la seule ; rien que moi, j'en aurais des milliers qui valent bien la tienne, de quoi tuer de surmenage tous les écrivains d'Amérique ; tu ferais mieux d'en avoir des milliers toi aussi, les écrivains s'occuperaient d'autre chose et on parlerait d'autre chose.

CAROLE. – Dis, June. (*Elle tend l'oreille.*) Tu es sûre qu'il n'y a pas un téléphone qui sonne ?

JUNE. – Et il y a sûrement un téléphone qui sonne quelque part en ce moment, mais ce n'est pas pour toi, et il y a sûrement quelqu'un qui gémit dans un lit d'une maison, et quelqu'un qui cogne contre une vitre quelconque ; tu ne vas pas t'arrêter chaque fois qu'un téléphone qu'on n'entend pas sonne quelque part, tu t'arrêterais tout le temps pour écouter ce qu'on n'entend même pas ; je suis sûre que, quand il sonne chez toi, à côté de toi, tu ne décroches même pas, à force d'entendre sonner.

Sonnerie de téléphone.

CAROLE. – June.
JUNE. – Ne décroche pas. N'y va pas.
CAROLE. – Qui est-ce ?
JUNE. – Ce n'est pas pour toi.
CAROLE. – Mais qui appelle, June ?
JUNE. – Personne.

Apparaît au loin un grand lieu vide, meublé seulement d'un guéridon sur lequel est posé un téléphone. Aucune lampe n'éclaire la pièce. Mais, à travers la fenêtre, les lumières d'une ville font sur les murs, le plafond et le sol des reflets de couleurs, instables, changeants, insaisissables.

Le Rouquin, le dos tourné, a déjà décroché.

June prend le bras de Carole ; elle lui parle à l'oreille ; Carole éclate de rire.

ROUQUIN (*bas*). – Attendez, ne raccrochez pas, s'il vous plaît ; j'ai une question ; je vous en prie ; il y a cette question que je veux vous poser, mais promettez-moi... Non, épargnez-moi les flatteries, vous savez bien que... Ne raccrochez pas.

CAROLE. – A qui téléphones-tu ?

ROUQUIN (*bas*). – Ne raccrochez pas. (*A Carole* :) J'ai bientôt fini.

June entraîne Carole dans un coin. Elles se parlent tout bas, pouffant de rire comme des petites filles, et parlent encore, sans se soucier de la silhouette, au fond, penchée vers le téléphone.

ROUQUIN. – Oh, je préfère... Détrompez-vous : je préfère mille fois (*riant*), je vous assure : du moins, quand je m'allonge près d'elle, je sais ce qui lui fait le regard louche, et ses petites tortures me reposent terriblement : est-ce que je l'aime, m'aime-t-il. Elle m'embrasse mille fois, et je ne bouge pas pour lui donner du souci, et me reposer de sa souffrance – sa souffrance normale de femme, vous me comprenez.

(*Silence.*) Non, ce n'est pas cela, pas du tout, c'est que... Par-dessus tout au monde, j'aime lever la tête et regarder les étoiles. Non, je ne suis pas soûl, je vous dis cela tranquillement, assis sur le rebord d'un guéridon ; vous ne le croyez pas ? (*Silence.*) Non, je ne changerai pas d'idée ; tout mon effort porte sur cela : me garder de ces gens. Ce sont des rats. Et je ne supporte pas le regard d'un rat ; trouvez-vous cela supportable, vous ?... Même race, vous dis-je, même niveau d'existence, si vous me comprenez : les rats du pouvoir comme les rats de la populace, les rats blancs, rouges ou noirs, les rats esclaves et les rats maîtres, oh, je ne vois que cela. Alors, mon regard préfère se tourner vers l'espèce ailée, et les oiseaux eux-mêmes me regardent d'un air de reconnaissance, que voulez-vous ? (*Silence.*) Toujours, toujours ; en ce moment encore, j'en vois trois sur le rebord de la fenêtre, qui frappent pour entrer. On ne met pas les rats en cage, n'est-ce pas ? Ce sont eux qui choisissent les égouts et les caves. C'est pour cela que j'aime les oiseaux. Oui, jusqu'à leur cage que j'aime... cet air à mettre dans une cage sans même qu'ils en meurent... Si j'y suis habitué ? Je vous dis qu'en ce moment même trois becs cognent contre la vitre, et je n'en ai pas le sang retourné.

CAROLE. – Qui est-ce au bout du fil ?

ROUQUIN (*bas*). – Elle me demande qui c'est...

CAROLE. – Réponds, chéri.

ROUQUIN (*à Carole*). – Quelqu'un, chérie, sans importance, notre directeur de banque, mon futur patron, quelqu'un de ma famille, j'arrive, j'ai bientôt fini. (*Bas* :) Détrompez-vous, vous dis-je. Je ne connais rien de pire que ces gens dont les préoccupations prétendent sortir de l'ordinaire. Ma famille, c'est quand ils se taisaient qu'ils disaient les choses les plus intelligentes, vous n'avez pas remarqué ? Mais, hélas, ils se taisent rarement, et je ne connais rien de pire que leur langage... Oui, désormais, je déteste tout ce qui n'est pas les préoccupations ordinaires, et, mille fois, je préfère par-dessus tout rejoindre Carole dans notre lit, quoique vous riiez, là-bas, et quoi que vous laissiez entendre. (*Silence.*) Alors, il me suffirait de lever le rideau et regarder le ciel, ou sortir dehors si la nuit est sans nuage, et regarder les étoiles. Vous me croyez toujours soûl ?

CAROLE. – Mais qui donc t'appelle si tard, si longtemps ?

ROUQUIN (*à Carole*). – Personne, chérie. (*Bas* :) Nobody. (*Temps.*) Do you want me to tell you ? Somehow, I knew that the element which links everything together existed somewhere, you know : such things as different from each other as these birds standing on the rim of my window and a gun-shot in the middle of the night, or again, the ice on the surface of a well, the elucubrations of a politician, the sea, a note-book forgotten on the table, a blurred thought ; and while I was searching making pitiful efforts, well... No, I never thought that this could be so... irresistible. (*Il rit.*) And here I am now like an heliotrope in the glasshouse of a laboratory. Vous ne connaissez pas ce phénomène ? Un savant musicien fait de la musique près d'un champ de tournesols. Il se met du côté opposé au soleil, par un jour de beau temps, et il joue de son violon, patiemment. Eh bien, on voit au bout de quelque temps les fleurs se détourner, une à une, du soleil, pour ouvrir leurs pétales vers là d'où vient la musique. (*Silence.*) Never, that order of things is a matter for bourgeois ; and out of that order, cleverness is nothing but a piece of jewelry that the bourgeois whish to wear on their fingers in order thus to dazzle even more the populace... No, too late... Maybe, maybe...

Dans leur coin, Carole dort, la tête posée sur les genoux de June.

ROUQUIN (*il rit*). – Peut-être, mais que voulez-vous ? Moi, je n'ai appris qu'à parler à la première personne ; et comment désapprendre cela ? Ne croyez pas, pourtant, que je me trompe sur mon compte. Pardon ? Oui, c'est cela, vous l'avez dit : je serais une bague au doigt bouffi d'un commerçant parvenu. Ce monde est si plein de commerçants, n'est-ce pas ? (*Silence.*) Oui. Mais maintenant, je veux revenir à ma première question, à laquelle vous n'avez pas encore donné de réponse. Savez-vous ? De toute mon existence je n'ai jamais eu de réponse, de personne ; c'est toujours moi qui ai répondu, et, si je posais une question, elle était prise pour le reflet d'une pensée affirmative ; oh, vous devez me répondre, il le faut. Dites-moi... Pensez-vous qu'aujourd'hui, là, maintenant, je suis un être normal ? (*Silence.*) S'il vous plaît, répondez ; je n'entends rien. Pardon ? (*Silence.*) Normal, oui ; j'ai dit : normal. Psychologically normal, equilibrated, able to do something, well... You understand, don't you ? (*Silence.*) Merci. Oui. J'ai compris. (*Long silence.*) Ils sont toujours là, à ma fenêtre, vous savez ? (*Le Rouquin se retourne. Il a un bouquet de petites fleurs rouges à la boutonnière.*) Maintenant, raccrochez. (*Le sourire du Rouquin, plus malicieux que jamais.*) Non,

non ; vous d'abord ; je ne raccroche jamais le premier. (*Dans sa main libre, il tient un revolver.*) Carole ? Bien sûr qu'elle dort, maintenant. Tout le monde dort, maintenant ; je ne vois plus une lumière allumée, en dehors de celles de la rue. Et d'ailleurs j'entends les respirations des gens endormis autour de moi. (*Il joue avec le pistolet, en le faisant tourner autour de son doigt.*) Non, je vous l'ai dit ; ce ne sera jamais moi qui raccrocherai le premier. (*Il coince l'écouteur dans le creux de son épaule.*) Je vous en prie... (*Le pistolet saute d'une main à l'autre, de plus en plus acrobatique.*) Well then, never mind.

Le Rouquin se lève, pose l'écouteur sur la table.

Carole sommeille toujours sur les genoux de June, de ce sommeil calme et profond qu'aucun bruit ne peut troubler.

Le Rouquin fait tourner le pistolet de plus en plus vite, le fait passer d'une main à l'autre avec une adresse et un brillant remarquables.

Puis, en fermant les yeux, il fait quelques tours sur lui-même.

June, dans son coin, le regarde, l'œil brillant.

Quelques instants encore, il fait des gestes de western : dégaine, pirouette, braque, menace.

Puis sourit malicieusement. Sans transition, il tourne le canon de l'arme vers le milieu de son front.

Le téléphone, décroché et posé sur le guéridon, fait entendre sa tonalité. Les lumières de couleurs à travers la fenêtre, de plus en plus changeantes, de plus en plus insaisissables.

Et le Rouquin tire.

CET OUVRAGE A ÉTÉ COMPOSÉ ET ACHEVÉ D'IMPRIMER LE VINGT-CINQ JANVIER DEUX MILLE CINQ DANS LES ATELIERS DE NORMANDIE ROTO IMPRESSION S.A.S. À LONRAI (61250) (FRANCE) N° D'ÉDITEUR : 4081
N° D'IMPRIMEUR : 043425

Dépôt légal : janvier 2005